| w

새로운 □□□□□□□ 자료
동양북스 홈페이지에서 만나보세요!

홈페이지 활용하여 외국어 실력 두 배 늘리기!

홈페이지 이렇게 활용해보세요!

1 도서 자료실에서 학습자료 및 MP3 무료 다운로드!

❶ 도서 지료실 클릭
❷ 건색어 입력
❸ MP3, 정답과 해설, 부가자료 등
   첨부파일 다운로드

* 원하는 자료가 없는 경우 '요청하기' 클릭!

2 동영상 강의를 어디서나 쉽게! 외국어부터 바둑까지!

500만 독자가 선택한

가장 쉬운
독학 일본어 첫걸음
14,000원

가장 쉬운
독학 중국어 첫걸음
14,000원

가장 쉬운
독학 베트남어 첫걸음
15,000원

가장 쉬운
독학 스페인어 첫걸음
15,000원

가장 쉬운
프랑스어 첫걸음의 모든 것
17,000원

가장 쉬운
독일어 첫걸음의 모든 것
18,000원

가장 쉬운
스페인어 첫걸음의 모든 것
14,500원

버전업! 가장 쉬운
베트남어 첫걸음
16,000원

버전업! 가장 쉬운
태국어 첫걸음
16,800원

첫걸음 베스트 1위!

가장 쉬운
러시아어 첫걸음의 모든 것
16,000원

가장 쉬운
이탈리아어 첫걸음의 모든 것
17,500원

가장 쉬운
포르투갈어 첫걸음의 모든 것
18,000원

가장 쉬운
터키어 첫걸음의 모든 것
16,500원

버전업! 가장 쉬운
아랍어 첫걸음
18,500원

가장 쉬운
인도네시아어 첫걸음의 모든 것
18,500원

가장 쉬운
영어 첫걸음의 모든 것
16,500원

버전업! 굿모닝
독학 일본어 첫걸음
14,500원

가장 쉬운
중국어 첫걸음의 모든 것
14,500원

가장 쉬운 독학
중국어 첫걸음

가장 쉬운 독학
일본어 첫걸음

오늘부터는
팟캐스트로 공부하자!

팟캐스트 무료 음성 강의

▸1
iOS 사용자

Podcast 앱에서
'동양북스' 검색

▸2
안드로이드 사용자

플레이스토어에서 '팟빵' 등
팟캐스트 앱 다운로드,
다운받은 앱에서
'동양북스' 검색

▸3
PC에서

팟빵(www.podbbang.com)에서
'동양북스' 검색
애플 iTunes 프로그램에서
'동양북스' 검색

◉ **현재 서비스 중인 강의 목록** (팟캐스트 강의는 수시로 업데이트 됩니다.)

- 가장 쉬운 독학 일본어 첫걸음
- 페이의 적재적소 중국어
- 가장 쉬운 독학 중국어 첫걸음
- 중국어 한글로 시작해
- 가장 쉬운 독학 베트남어 첫걸음

매일 매일 업데이트 되는 동양북스 SNS! 동양북스의 새로운 소식과 다양한 정보를 만나보세요.

 blog.naver.com/dymg98　　instagram.com/dybooks　　facebook.com/dybooks　　twitter.com/dy_book

중국어뱅크

北京大學

신 한어구어 독해 ②

戴桂芙·刘立新·李海燕 저
윤창준 역

동양북스

중국어 뱅크

 한어구어 독해❷

초판 인쇄 | 2018년 6월 15일
초판 발행 | 2018년 6월 20일

저 자 | 戴桂芙 · 刘立新 · 李海燕
역 자 | 윤창준
발행인 | 김태웅
편집장 | 강석기
편 집 | 권민서, 정지선, 김효수, 김다정
디자인 | 방혜자, 김효정, 서진희
마케팅 총괄 | 나재승
마케팅 | 서재욱, 김귀찬, 오승수, 조경현, 양수아
온라인 마케팅 | 김철영, 양윤모
제 작 | 현대순
총 무 | 전민정, 안서현, 최여진, 강아담
관 리 | 김훈희, 이국희, 김승훈

발행처 | (주)동양북스
등 록 | 제 2014-000055호(2014년 2월 7일)
주 소 | 서울시 마포구 동교로22길 12 (04030)
전 화 | (02)337-1737
팩 스 | (02)334-6624
http://www.dongyangbooks.com

ISBN 979-11-5768-404-5 14720
ISBN 979-11-5768-345-1 (세트)

이 도서의 국립중앙도서관 출판예정도서목록(CIP)은 서지정보유통지원시스템 홈페이지(http://seoji.nl.go.kr)와
국가자료공동목록시스템(http://www.nl.go.kr/kolisnet)에서 이용하실 수 있습니다.
(CIP제어번호:CIP2018017402)

책머리에

　중국어를 학습하는 최종적인 목적은 학습자마다 다를 수 있겠으나 공통적인 목적은 아마도 중국인들과 중국어로 교류를 하기 위함이 아닐까 생각됩니다.

　이를 위해서는 중급 이상의 중국어로 된 문장을 정확히 해석하는 연습이 필요하며, 이러한 연습을 위해서는 좋은 중국어 독해 교재가 필요하다고 생각됩니다.

　본 교재는 다양한 표현이 담긴 중국어 본문을 제시한 뒤, 각 본문의 새로운 단어를 소개하고, 본문에 대한 문법적 해설을 추가하였으며, 본문의 내용을 충분히 이해하기 위하여 다양한 연습문제를 제시하고 있습니다.

　또 본책의 내용을 학습한 뒤 워크북을 풀어 보면서 스스로 독해 실력을 높일 수 있습니다. 이로써 독해 방법으로 듣기·말하기·읽기·쓰기의 각 기능을 고루 연습하고, 문자·어휘·어법의 각 영역을 고루 익힐 수 있습니다.

　본 교재와 함께 한 단원 한 단원 새로운 단어를 학습하고 중국어 독해를 진행한다면, 자신도 모르는 사이에 월등히 높아진 자신의 중국어 독해 실력에 놀라게 될 것입니다.

윤 창 준

목차

구성과 활용

본책

단원 도입

본문 내용을 대표하는 제목과 그림, 그리고 본문 소개글을 보며 본과 학습을 준비합니다.

본문 1, 2

등장인물의 일기나 상황 설명문, 소개문 등의 다양한 형식으로 쓰여진 중국어 문장으로 독해를 학습합니다. 일상에서 중국인들이 많이 사용하는 다양한 표현과 중국어 문장의 구조를 익힐 수 있습니다.

새 단어

본문에 등장한 새 단어를 소개합니다.

본문 해설

본문의 나온 주요 표현과 문법을 설명합니다. 정확한 해설과 다양하고 실용적인 예문을 통해 주요 표현과 문법의 이해할 수 있습니다.

본문 이해

본문을 올바르게 독해하여야 답할 수 있는 질문을 통해 학습자 스스로가 본문을 정확히 이해하였는지 확인할 수 있습니다.

연습 문제 1번

본문과 관련된 중국어 질문에 학습자 자신의 상황을 중국어로 답하는 연습을 합니다. 본문을 통해 학습한 내용을 점검할 수 있습니다.

연습 문제 2번

그림을 보고 주어진 단어를 활용하여 중국어로 문장을 만드는 연습을 합니다. 본문에 등장한 단어와 본문 해설에서 학습한 내용으로 자신의 실력을 점검할 수 있습니다.

간체자 쓰기 & 문장 쓰기

자형이 다소 어려운 단어를 획순을 보며 바르게 쓰는 연습을 합니다. 또 주요 문장을 쓰며 다시 한 번 표현을 익힐 수 있습니다.

연습 문제

독해문을 읽고 문맥에 맞게 어휘를 사용하는 문제와 비슷한 뜻을 가진 어휘를 용법에 맞게 구별하는 문제, 어순에 맞게 어휘를 배열하여 문장을 구성하는 문제와 주요 문형을 이용해 작문하는 문제를 통해 문자, 어휘, 어법 각 영역을 고루 익힐 수 있습니다.

음성 mp3 다운로드는 이렇게

❶ 동양북스 홈페이지 ➡ 도서 자료실
www.dongyangbooks.com

❷ 검색란에 '신한어구어 독해2' 입력

❸ 첨부파일 다운로드

🔘 탄탄한 독해 비법

✏️ 맥락을 사로잡는 핵심어 파악하기!

처음에는 문장 전체를 읽으면서 핵심어를 파악하고, 두 번째는 핵심어 위주로 세밀한 내용을 이해합니다. 이때 모르는 어휘가 나와도 당황하지 말고 전체 맥락을 꿰뚫는다는 생각으로 여러 번 읽으면 좋습니다.

✏️ 자주 쓰이는 어휘 정리하기!

단어와 구문을 정리할 때 예문과 함께 정리해 두면 그 쓰임에 대해 상세히 이해할 수 있습니다. 여기에 유의어, 반의어까지 정리해 두면 어휘력이 폭발적으로 증가할 것입니다.

✏️ 기본 어법 정리하기!

독해는 중국어를 마스터하는 단계라고 할 수 있습니다. 문자와 어휘, 어법까지 총망라된 영역이기 때문입니다. 특히 중국어 특징상 어법을 파악하면 전체 문장구조가 쉽게 풀리기 때문에 반드시 어법에 대한 개념을 확립해 두어야 합니다.

✏️ 한발 한발 꾸준히!

우리는 가끔 '열심히 하는데 왜 실력이 늘지 않지?'라는 생각이 들 때가 있습니다. 절망하지 마세요! 우리에게 중국어는 모국어가 아니기 때문에 실력이 천천히 느는 것은 당연할지 모릅니다. 한발 한발 꼭꼭 내딛는다는 마음으로 꾸준히 하다 보면 누구보다 탄탄한 독해 실력을 갖출 것입니다.

01 春天来了。

봄이 왔습니다.

애니는 선생님께서 숙제로 낸 봄이 느낌 이야기하기에서
봄의 생생함과 활기참을 표현하였습니다.
또한 중국 어린이에게 배운 봄에 관한 노래를
학급 친구들에게 불러 주려고 합니다.

애니의 봄 이야기 　　　　　　　　　　　MP3 01-1

春天来了, 树绿了, 草也绿了, 很多花儿都开了。
Chūntiān lái le, shù lǜ le, cǎo yě lǜ le, hěn duō huār dōu kāi le.

除了有时候刮大风、下小雨以外, 天气都特别好。
Chúle yǒu shíhou guā dàfēng、xià xiǎoyǔ yǐwài, tiānqì dōu tèbié hǎo.

外边越来越暖和了, 出来散步的人也越来越多了。
Wàibian yuèláiyuè nuǎnhuo le, chūlai sànbù de rén yě yuèláiyuè duō le.

白天变长了, 黑夜变短了, 孩子们也可以在外边
Báitiān biàn cháng le, hēiyè biàn duǎn le, háizimen yě kěyǐ zài wàibian

多玩儿一会儿了。春天我的心情最好了。
duō wánr yíhuìr le. Chūntiān wǒ de xīnqíng zuì hǎo le.

老师让我们做一个作业: 谈谈春天的感觉, 我已经
Lǎoshī ràng wǒmen zuò yí ge zuòyè: tántan chūntiān de gǎnjué, wǒ yǐjīng

准备好了。
zhǔnbèi hǎo le.

 새 단어 　　　　　　　　　　　　MP3 01-2

树 shù 몡 나무 | 草 cǎo 몡 풀 | 开 kāi 동 (꽃이) 피다 | 刮 guā 동 (바람이) 불다 | 黑夜 hēiyè 몡 캄캄한 밤 | 心情 xīnqíng 몡 심정, 마음, 기분 | 谈 tán 동 말하다, 이야기하다

❶ 我已经准备好了 / 春天来了

了는 동태조사 이외에 어기조사로도 자주 쓰입니다.

⑴ 동사 뒤에서 동작의 완성을 나타냅니다.

我跟中国小孩儿学了一首中国歌了。 나는 중국 아이에게 중국 노래 한 곡을 배웠습니다.
我已经准备好了。 나는 이미 준비했습니다.

⑵ 형용사나 동사 뒤에서 상태의 변화를 나타냅니다.

外边越来越暖和了。 밖은 점점 따뜻해집니다.
白天变长了。 낮은 길어졌습니다.
不用那么累了。 그렇게 힘들이지 않아도 됩니다.

❷ 除了有时候刮大风、下小雨以外，天气都特别好

除了…以外는 '～를 제외하고', '～를 빼고'라는 뜻으로, 以外는 생략할 수 있습니다. 뒤에 都가
오면 앞의 대상을 제외한 나머지 모두에 해당하는 설명이 이어집니다.

除了他以外，没有别人。 그 말고, 다른 사람은 없습니다.
除了我，都是大学生。 나를 빼고는, 모두 대학생입니다.

단어를 바꾸어 연습해 봅시다.

老师		我们	做一个作业。
爸妈		我	早睡早起。
老师	让	小朋友	进教室来。
妈妈不		我	一个人去旅游。

본문이해

1. 애니는 봄에 대해 어떻게 표현했나요?
2. 선생님께서 학생들에게 낸 숙제는 무엇인가요?

MP3 01-3

我还跟一个中国小朋友学了一首春天的歌，
Wǒ hái gēn yí ge Zhōngguó xiǎopéngyou xué le yì shǒu chūntiān de gē,

我准备给同学们唱唱：
wǒ zhǔnbèi gěi tóngxuémen chàngchang:

春天在哪里呀？
Chūntiān zài nǎlǐ ya?

春天在哪里？
Chūntiān zài nǎlǐ?

春天在那小朋友的眼睛里。
Chūntiān zài nà xiǎopéngyou de yǎnjing lǐ.

看见红的花呀，
Kànjiàn hóng de huā ya,

看见绿的草，
Kànjiàn lǜ de cǎo,

还有那会唱歌的小黄鹂。
Háiyǒu nà huì chànggē de xiǎo huánglí.

 새 단어

 MP3 01-4

小朋友 xiǎopéngyou 몡 아동, 어린아이, 꼬마 친구 | 首 shǒu 몡 수, 곡 [시나 노래를 세는 단위] | 黄鹂 huánglí 몡
꾀꼬리

① 我还**跟**一个中国小朋友**学**了

개사 跟은 '～와'라는 뜻 외에 '～에게', '～를 따라서'라는 뜻이 있습니다. 동사 学와 함께 쓰이면
'～에게 ～을 배우다'는 뜻이 됩니다.

我跟爸爸学驾驶。 나는 아빠에게 운전을 배웁니다.
这道菜是我妈妈跟奶奶学的。 이 음식은 우리 엄마가 할머니께 배운 것입니다.

② **给**同学们唱唱

개사 给는 '～에게'라는 뜻으로, 동작을 받는 대상을 이끄는 역할을 합니다.

我要给你送这本书。 제가 당신에게 이 책을 드리겠습니다.
我给你发邮件了。 제가 당신에게 메일을 보냈습니다.
给人家道个歉。 사람한테 사과를 해야지.

☯ 단어를 바꾸어 연습해 봅시다.

春天		小朋友		眼睛里。
夏天		青春男女		照片里。
秋天	在那	老农夫	的	微笑里。
冬天		圆滚滚		雪人上。

본문이해

1. 애니는 누구에게 중국 노래를 배웠나요?
2. 애니가 배운 노래는 무슨 내용이었나요?

1. 다음 물음에 중국어로 답해 봅시다.

❶ 你喜欢什么季节，为什么?

❷ 到了春天，周围环境怎么变? 用比喻来说明。

❸ 你学过中国歌吗? 有什么歌?

❹ 你会唱关于春天的歌吗? 请给同学们介绍一下。

2. 다음 그림을 보고 이야기를 만들어 중국어로 말해 봅시다.

…了　　除了…以外，…都…　　暖和　　越来越　　散步

02 这只是个小手术。

작은 수술일 뿐입니다.

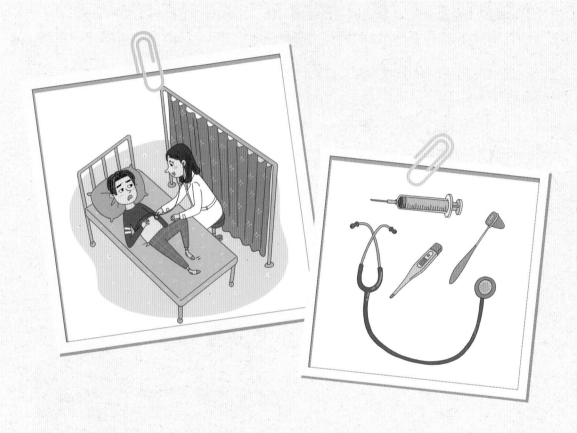

애니는 왕핑에게 야마다의 수술이 잘 되었으며, 간단한 수술이니
병문안을 오지 않아도 된다는 야마다의 말을 전합니다.
한편 장신은 어머니의 이메일을 받고 자신의 남자친구가
믿어도 되는 좋은 사람임을 얘기합니다.

애니가 왕핑에게 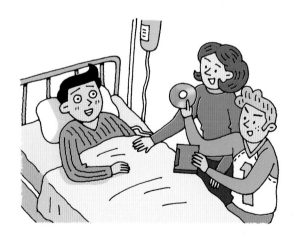 MP3 02-1

山田的手术很顺利，他现在精神很好，过几天就
Shāntián de shǒushù hěn shùnlì, tā xiànzài jīngshen hěn hǎo, guò jǐ tiān jiù

可以出院了。听说你要去看他，他要我告诉你别去了。
kěyǐ chūyuàn le. Tīngshuō nǐ yào qù kàn tā, tā yào wǒ gàosu nǐ bié qù le.

他说那只是个小手术，没什么，让你放心。
Tā shuō nà zhǐshì ge xiǎo shǒushù, méi shénme, ràng nǐ fàngxīn.

等他出了院，身体健康了，他还要和你一起打球呢。
Děng tā chū le yuàn, shēntǐ jiànkāng le, tā hái yào hé nǐ yìqǐ dǎqiú ne.

 새 단어 MP3 02-2

手术 shǒushù 명 동 수술(하다) | 顺利 shùnlì 형 순조롭다 | 精神 jīngshen 명 원기, 활력 | 出院 chūyuàn 동 퇴원하다 | 只是 zhǐshì 부 다만, 오로지 | 放心 fàngxīn 동 마음을 놓다, 안심하다 | 健康 jiànkāng 명 형 건강(하다)

❶ 他要我告诉你别去了

要는 '요청하다', '부탁하다'라는 뜻으로도 쓰입니다. 뒤에는 주술문 목적어가 주로 오며 '어떠한 내용을 요청하다'라는 문장을 만듭니다.

他要我告诉你别去了。　그가 나에게 너는 가지 말라고 얘기하래.
她要我陪她去逛街。　그녀는 내가 그녀와 쇼핑하길 바랍니다.

❷ 等他出了院

了는 동작의 완료를 나타내는 조사로, 시점과는 상관없이 쓰일 수 있습니다. 본문에서처럼 미래나 가정을 나타내는 문장에서도 동작의 완료를 표현할 때는 了를 써서 표현합니다.

如果老师知道了这件事，你一定挨批评。　만약 선생님께서 이 일을 아시면, 너는 분명 혼이 날 거야.
下了班就去超市。　퇴근하면 슈퍼에 갑니다.

🔵 단어를 바꾸어 연습해 봅시다.

过几天

就可以出院了。

就到年了。

我会再给你打电话。

就是王青的母亲的60大寿。

본문 이해

1. 본문에서 수술한 사람은 누구인가요?
2. 애니는 왕핑에게 왜 병문안을 가지 않아도 된다고 했나요?

장신이 엄마에게 전화를 한다   MP3 02-3

妈妈，您的E-mail我收到了。 我早就想到您会不同
Māma, nín de E-mail wǒ shōudào le. Wǒ zǎojiù xiǎngdào nín huì bù tóng

意。请您听听我的想法：他虽然是外国人，但是他愿意
yì. Qǐng nín tīngting wǒ de xiǎngfǎ: tā suīrán shì wàiguórén, dànshì tā yuànyì

尊重咱们家的习惯。还有就是他受过很好的教育，人好，
zūnzhòng zánmen jiā de xíguàn. Háiyǒu jiùshì tā shòuguo hěn hǎo de jiàoyù, rén hǎo,

心好，性格好，周围的朋友也都不错。您说我夸他？不是，
xīn hǎo, xìnggé hǎo, zhōuwéi de péngyou yě dōu búcuò. Nín shuō wǒ kuā tā? Bú shì,

暑假的时候，我带他回家看看您，见了面，您就会相信
shǔjià de shíhou, wǒ dài tā huíjiā kànkan nín, jiàn le miàn, nín jiù huì xiāngxìn

他确实是个值得我爱的人了。
tā quèshí shì ge zhídé wǒ ài de rén le.

 새 단어 MP3 02-4

想法 xiǎngfǎ 명 생각, 의견 | 愿意 yuànyì 조 ~하기를 원하다 | 尊重 zūnzhòng 통 존중하다, 중시하다 | 受(教育)
shòu (jiàoyù) 통 (교육을) 받다 | 心 xīn 명 마음 | 周围 zhōuwéi 명 주위, 사방, 둘레 | 夸 kuā 통 과장하다, 칭찬
하다 | 确实 quèshí 부 확실히, 정말로 | 值得 zhídé 통 ~할 만한 가치가 있다

❶ 他虽然是外国人，但是他愿意尊重咱们家的习惯

虽然…，但是…는 '비록 ~하지만, ~하다'라는 뜻입니다. 虽然은 생략이 가능하며, 但是 대신 可是를 쓸 수 있습니다.

虽然明天就考试，但是我去看电影了。 비록 내일 시험을 보지만, 저는 영화를 보러 갔습니다.
虽然他是个小孩子，可是他很懂事。 비록 그는 어린아이지만, 매우 철이 들었습니다.

❷ 他受过很好的教育

受는 '받다', '당하다'라는 뜻을 가진 동사로, 뒤에는 주로 주어가 일방적으로 받아들여야 하는 상황에 쓰이는 명사가 목적어로 옵니다. 예를 들면, 火伤, 指点, 表扬, 干涉 등 여러 명사와 같이 호응하여 쓰이는데, 명사가 지니는 감정적 의미와는 상관없이 두루 쓰입니다.

他因为这件事受到了处分。 그는 이 일로 인해 처분을 받았습니다.
我工作中受到了领导批评。 나는 일하는 중에 상사의 지적을 받았습니다.

🌓 단어를 바꾸어 연습해 봅시다.

我		想到您会不同意。
我		想跟你合作了。
他们俩	**早就**	有过多次约会了。
我们		了解这个情况了。
我		有这个想法。

본문이해

1. 화자와 그는 어떤 관계인가요?
2. 주위 사람들은 그를 어떻게 평가하나요?

1. 다음 물음에 중국어로 답해 봅시다.

❶ 你最近身体怎么样?

❷ 去医院看病人的朋友，一般带什么东西?

❸ 你交朋友要得到父母的同意吗?

❹ 要是父母不同意，一般是因为什么? 最后一般怎么解决?

2. 다음 그림을 보고 이야기를 만들어 중국어로 말해 봅시다.

| 手术 | 和 | 看望 | 除了…以外 |
| 等 | 健康 | 一起 | 打篮球 |

03 我非常喜欢看小说。

저는 소설책 읽는 것을 굉장히 좋아합니다.

애니는 어떤 맛이든 가리지 않고 잘 먹으며 특히 중국에 와서는 맥도날드나 KFC를 가지 않고 중국 음식점에 더 가서 먹을 정도로 중국을 더 알고 싶어합니다. 또한 리사는 소설 읽는 것을 좋아하는데 언젠가는 중국 원서를 잘 읽고, 중국어로 글을 잘 쓰고 싶어합니다.

애니의 이야기

MP3 03-1

我是个有口福的人，吃什么都香。辣的、甜的、
Wǒ shì yí ge yǒu kǒufú de rén, chī shénme dōu xiāng. Là de、tián de、

酸的、咸的我都爱吃。尝尝不同风味的菜，感觉真好。
suān de、xián de wǒ dōu ài chī. Chángchang bù tóng fēngwèi de cài, gǎnjué zhēn hǎo.

我不想去麦当劳或者肯德基，因为现在我住在中国，
Wǒ bù xiǎng qù Màidāngláo huòzhě Kěndéjī, yīnwèi xiànzài wǒ zhùzài Zhōngguó,

就应该多吃中餐，这对我了解中国很有好处。只有想
yīnggāi duō chī zhōngcān, zhè duì wǒ liǎojiě Zhōngguó hěn yǒu hǎochu. Zhǐyǒu xiǎng

家的时候，我才去吃一顿西餐。
jiā de shíhou, wǒ cái qù chī yí dùn xīcān.

 새 단어

MP3 03-2

口福 kǒufú 몡 먹을 복 | 风味 fēngwèi 몡 (음식의) 독특한 맛 | 中餐 zhōngcān 몡 중국 음식, 중국 요리 | 好处
hǎochu 몡 장점, 좋은 점 | 只有 zhǐyǒu 쩹 ~해야만 | 顿 dùn 얭 끼니, 식사 횟수 | 西餐 xīcān 몡 서양 요리, 양식

① **我不想去**麦当劳**或者**肯德基

중국어 낱말에는 우리말과 마찬가지로 외래어가 많이 있습니다. 발음을 표현할 수 있는 낱말로 번역하는 음역 방식도 있지만, 의미를 나타내는 말로 표현하는 의역 방식이나, 음역에 낱말의 의미를 더 명확히 드러내는 낱말을 덧붙이는 방식도 있습니다.

음역 방식: 麦当劳 맥도날드, 肯德基 KFC, 巴士 버스, 巧克力 초콜릿
의역 방식: 热狗 핫도그
음역+의역: 啤酒 맥주, 高尔夫球 골프

② 只有**想家的时候，我**才**去吃一顿西餐。**

접속사 只有는 부사 才와 잘 호응하여 쓰입니다. 먼저 조건을 얘기하고 뒤에 그 결과를 얘기하는 형식입니다. 여기서 조건은 유일한 조건으로 이 조건이 갖추어졌을 때만 결과가 나타남을 뜻합니다.

只有**多听多说，**才**能学好汉语。** 많이 듣고 많이 말해야만 중국어를 잘 배울 수 있습니다.
只有**尊重别人，别人**才**尊重你。** 다른 사람을 존중해야만 다른 사람도 당신을 존중합니다.

단어를 바꾸어 연습해 봅시다.

这		我了解中国	
跳舞		减肥	
旅游	对	了解中国历史文化	很有好处。
学生上体育课		身体健康	
和中国人聊天儿		提高口语水平	

본문 이해

1. 애니는 어떤 맛을 가장 좋아하나요?
2. 애니가 평소에 중국 음식을 더 먹으려 하는 이유는 무엇인가요?

리사의 이야기   MP3 03-3

我非常喜欢看小说。除了美国小说以外，我还看过
Wǒ fēicháng xǐhuan kàn xiǎoshuō. Chúle Měiguó xiǎoshuō yǐwài, wǒ hái kànguo

许多翻译成英文的外国小说。我也很喜欢中国文学，
xǔduō fānyìchéng Yīngwén de wàiguó xiǎoshuō. Wǒ yě hěn xǐhuan Zhōngguó wénxué,

真希望将来有一天，我能看懂中文原著。来中国以后，
zhēn xīwàng jiānglái yǒu yìtiān, wǒ néng kàndǒng Zhōngwén yuánzhù. Lái Zhōngguó yǐhòu,

我每天都写一篇日记， 我打算一直写下去。我也试过用
wǒ měitiān dōu xiě yì piān rìjì, Wǒ dǎsuàn yìzhí xiě xiàqu. Wǒ yě shìguo yòng

中文写日记， 不过实在太难了。希望有一天，我能完全
Zhōngwén xiě rìjì, búguò shízài tài nán le. Xīwàng yǒu yìtiān, wǒ néng wánquán

用中文写文章，要是那样就好了！
yòng Zhōngwén xiě wénzhāng, yàoshi nàyàng jiù hǎo le!

 새 단어   MP3 03-4

英文 Yīngwén 몡 영어 | 外国 wàiguó 몡 외국 | 文学 wénxué 몡 문학 | 将来 jiānglái 몡 장래, 미래 | 中文
Zhōngwén 몡 중국어 | 原著 yuánzhù 몡 원작 | 篇 piān 양 편 [일정한 형식을 갖춘 문장을 세는 단위] | 日记 rìjì 몡
일기 | 一直 yìzhí 빈 줄곧, 계속해서 | 下去 xiàqu ~해 나가다 [동사 뒤에 쓰여서 미래까지 상황이 계속 이어짐을 나
타냄] | 完全 wánquán 빈 완전히 혱 완전하다 | 文章 wénzhāng 몡 문장, 저작, 저술 | 那样 nàyàng 떼 그렇게 하
다, 저렇게 하다

❶ 除了美国小说以外，我还看过许多翻译成英文的外国小说

除了…以外는 앞서 배운대로 '~를 제외하고', '~를 빼고'라는 뜻으로, 조건을 나타내는 부사구를 이끕니다. 뒤에 还가 오면 앞의 대상 이외에도 뒷절의 주어까지 포함하여 어떠하다는 내용이 나옵니다.

除了中国菜以外，我还吃过印度菜、日本菜。
중국 음식 외에 나는 인도 음식, 일본 음식을 먹어 보았습니다.
除了汉语以外，他还会说英语和西班牙语。 중국어 외에 그는 영어와 스페인어를 할 줄 압니다.

❷ 我打算一直写下去

下去는 동사의 뒤에서 보어로 자주 쓰이며, 동사 上 / 下 / 进 / 出 / 回 / 过 / 起 / 开 뒤에 방향보어 来 / 去가 붙은 복합방향보어입니다. 복합방향보어는 동사나 형용사 뒤에서, 동작이나 상태의 물리적 방향 또는 심리적 방향을 나타냅니다. 본문의 下去는 동작이 계속해서 진행하고 있음을 나타냅니다.

我对你的话题很感兴趣，请说下去。 나는 당신이 말하는 주제가 매우 흥미롭습니다. 계속 얘기해 주세요.
人生最重要的是要坚强地活下去。 인생에서 가장 중요한 것은 굳세게 살아나가는 것입니다.

❸ 希望有一天，我能完全用中文写文章

有一天은 과거의 어느 날을 뜻할 수도 있고, 미래의 어느 날을 뜻할 수도 있습니다.

有一天你会了解。 언젠가 당신은 이해할 것입니다.
有一天他忽然回来了。 어느 날엔가 그는 홀연히 돌아왔습니다.

본문 이해

1. 리사는 무엇 하는 것을 좋아하나요?
2. 리사가 바라는 것은 무엇인가요?

1. 다음 물음에 중국어로 답해 봅시다.

❶ 你怎么看"有口福"的人？你是不是一个"有口福"的人？

❷ 我们国家跟中国在饮食习惯上有什么不同的？

❸ 你看过中国小说吗？

❹ 你有写日记的习惯吗？你认为写日记有什么好处？

2. 주어진 단어를 활용하여 그림에 맞게 중국어로 이야기해 봅시다.

喜欢　　　除了…以外，还…　　　…以后　　　一直
…下去　　　每天都…　　　希望有一天

头发是人的第二张脸。

헤어스타일은 사람의 제2의 얼굴입니다.

한 이발사는 요즘 아름다움을 추구하는 사람들은
자신의 복장과 얼굴은 물론 헤어스타일에도 신경을 쓰니
헤어스타일이 제2의 얼굴이라는 말도 일리가 있다고 합니다.
또 야마다는 배우자의 기준에 대한 자신의 생각을 이야기합니다.

이발사의 이야기

 MP3 04-1

有人说，头发是人的第二张脸。这话很有道理。
Yǒu rén shuō, tóufa shì rén de dì-èr zhāng liǎn. Zhè huà hěn yǒu dàolǐ.

爱美的先生和女士都不会只注意自己的服装和脸，不
Àiměi de xiānsheng hé nǚshì dōu bú huì zhǐ zhùyì zìjǐ de fúzhuāng hé liǎn, bù

关心自己的头发。美丽的发型可以让年纪大的人显得
guānxīn zìjǐ de tóufa. Měilì de fàxíng kěyǐ ràng niánjì dà de rén xiǎnde

年轻，让年轻人更漂亮，让他们都更快乐和自信。
niánqīng, ràng niánqīngrén gèng piàoliang, ràng tāmen dōu gèng kuàilè hé zìxìn.

before

after

 새 단어

 MP3 04-2

脸 liǎn 몡 얼굴 | 爱美 àiměi 동 아름다움을 추구하고 사랑하다, 멋내기를 좋아하다 | 女士 nǚshì 몡 부인, 여사, 숙녀 |

美丽 měilì 혱 아름답다 | 发型 fàxíng 몡 헤어스타일 | 年纪 niánjì 몡 나이 | 自信 zìxìn 혱 자신하다

28

① 第二张脸

张은 넓고 평평한 것을 세는 양사이지만, 얼굴을 셀 때도 쓰입니다.

张 zhāng	넓고 평평한 것 벌리고 닫는 것	五张纸 종이 다섯 장	一张嘴 하나의 입
棵 kē	식물	一棵梧桐树 오동나무 한 그루	一棵草 풀 한 포기 / 一棵牡丹 모란 한 그루
对 duì	성별·좌우·정반 등의 조합을 이룬 두 사람/동물	一对夫妻 부부 한 쌍	一对蝴蝶 나비 한 쌍 / 一对翅膀 날개 한 쌍
批 pī	대량의 화물 다수의 사람	一批货 짐 한 무더기	一大批新工人 한 무리의 신입사원

② 都不会只注意自己的服装和脸，不关心自己的头发

이 문장은 不会 뒤에 只注意…라는 문장과 不关心…이라는 문장이 이어진 것으로 '~에만 주의를 기울이고, ~에 관심이 없지는 않을 것이다'라고 해석할 수 있습니다. 이처럼 조동사의 부정 표현은 문장의 어기를 강조하는 효과가 있습니다.

我不会不想念你。내가 널 그리워하지 않을 리 없잖아.(나는 네가 그립다.)

🌓 단어를 바꾸어 연습해 봅시다.

有人说，	头发是人的第二张脸。
	上海是中国的第二首都。
	脚掌是人的第二心脏。

본문이해

1. 이발사는 헤어스타일이 무엇이라고 말하고 있나요?
2. 아름다운 헤어스타일은 어떤 효과가 있나요?

야마다의 이야기　　　　　　　　　　　　　　MP3 04-3

在年轻人中，流行着一种说法：
Zài niánqīngrén zhōng, liúxíngzhe yì zhǒng shuōfǎ:

找对象的重要标准是"三高"。"三高"的内容是：
Zhǎo duìxiàng de zhòngyào biāozhǔn shì "sān gāo". "Sān gāo" de nèiróng shì:

个子高，学历高，工资高。我不知道别的国家怎么样，
gèzi gāo, xuélì gāo, gōngzī gāo. Wǒ bù zhīdào bié de guójiā zěnmeyàng,

我想都差不多吧。不过，我要说的是，像我这样个子
wǒ xiǎng dōu chàbuduō ba. Búguò, wǒ yào shuō de shì, xiàng wǒ zhèyàng gèzi

不高的人，也有很多是优秀的。身体是父母给的，高不
bù gāo de rén, yě yǒu hěn duō shì yōuxiù de. Shēntǐ shì fùmǔ gěi de, gāo bu

高自己没办法。重要的是，一个人要爱生活、爱事业、
gāo zìjǐ méi bànfǎ. Zhòngyào de shì, yí ge rén yào ài shēnghuó, ài shìyè,

爱家庭，这"三爱"才是最基本的。你们同意我的看法吗？
ài jiātíng, zhè "sān ài" cái shì zuì jīběn de. Nǐmen tóngyì wǒ de kànfǎ ma?

　새 단어　　　　　　　　　　　　　　 MP3 04-4

中 zhōng 몡 안, 속, 범위 내 | 说法 shuōfǎ 몡 표현(법), 의견, 견해 | 重要 zhòngyào 톙 중요하다 | 标准 biāozhǔn 몡 표준, 기준 | 内容 nèiróng 몡 내용, 콘텐츠 | 学历 xuélì 몡 학력 | 工资 gōngzī 몡 임금, 급여 | 优秀 yōuxiù 톙 우수하다 | 事业 shìyè 몡 일, 사업 | 家庭 jiātíng 몡 가정 | 基本 jīběn 톙 기본적이다 | 看法 kànfǎ 몡 견해, 보는 방법

❶ 三高

중국인에게 숫자 3은 전통적으로 완전함을 의미합니다. 三好学生처럼 뒤에 형용사를 붙여 자주 씁니다. 三高는 '세 가지 높은 조건'을 의미하지만 요즘에는 의학적으로 혈관 건강을 나타내는 고지혈, 고혈압, 고혈당을 총칭하는 말로 쓰기도 합니다.

❷ 我要说的是，像我这样个子不高的人

자신의 논지를 펴나가려고 할 때 문두에 쓰는 말입니다. '지금 내가 왜 이 말을 하려고 하냐면' 정도로 해석할 수 있습니다.

我要说的是，这些内容要修改。 내가 말하고자 하는 것은 이 내용들은 수정해야 한다는 것입니다.
我要说的是，一定要牢记以下原则。
내가 말하고자 하는 것은 반드시 아래의 원칙을 명심해야 한다는 것입니다.

❸ 你们同意我的看法吗?

同意는 주로 의견이나 요청에 '동의하다', '승락하다'는 뜻으로, 주로 意见, 要求 등의 단어와 같이 어울려 쓰입니다. 또 명사로 쓰일 때는 '동의', '승락'이라는 뜻을 나타내는데, 이때는 동사 得到, 表示, 取得 등이 함께 쓰입니다.

到底同意不同意? 도대체 너는 동의하니 아니니?
举双手表示同意 양손을 들어 동의를 표하다
求得领导的同意 리더의 동의를 구하다

본문⑥해

1. 요즘 젊은이들 사이에서 유행하는 '三高'란 무엇인가요?
2. 화자가 생각할 때 배우자를 찾을 때의 기준은 무엇인가요?

1. 다음 물음에 중국어로 답해 봅시다.

❶ 你一般多长时间理一次发？常去哪儿理发？

❷ 你都理过什么样的发型？你觉得哪种最适合你？为什么？

❸ 关于"三高"和"三爱"，请谈谈你的看法。

❹ 你找男/女朋友的重要标准有哪些？

2. 다음 그림을 보고 이야기를 만들어 중국어로 말해 봅시다.

剪　　短　　发型　　精神　　烫　　染　　流行　　长

校门外有一家小饭馆。

교문 밖에 작은 음식점이 하나 있습니다.

경찰의 질문에 행인이 자신이 본 사람에 대해 나이, 생김새,
키, 옷차림 등을 상세히 대답합니다. 또 한 식당 입구에는
재미있는 팻말이 걸려 있는데 그 식당은 맛도 좋고,
가격도 싸고, 서비스도 아주 좋은 곳이었습니다.

행인이 경찰의 질문에 답한다 (MP3) 05-1

那个人长什么样儿？ 他四五十岁, 长脸, 大鼻子,
Nà ge rén zhǎng shénmeyàngr? Tā sìwǔshí suì, cháng liǎn, dà bízi,

小眼睛, 嘴也小, 说话有口音。 个子不高, 一米六左右,
xiǎo yǎnjing, zuǐ yě xiǎo, shuōhuà yǒu kǒuyīn. Gèzi bù gāo, yì mǐ liù zuǒyòu,

矮胖矮胖的。 穿一件白色上衣, 一条黑色的裤子, 不,
ǎipàng ǎipàng de. Chuān yí jiàn báisè shàngyī, yì tiáo hēisè de kùzi, bù,

好像是蓝色的, 还有…… 记不太清楚了。
hǎoxiàng shì lánsè de, Háiyǒu…… jì bú tài qīngchu le.

 새 단어 (MP3) 05-2

鼻子 bízi 圐 코 | 嘴 zuǐ 圐 입 | 口音 kǒuyīn 圐 억양 | 米 mǐ 圐 미터 | 左右 zuǒyòu 圐 정도, 가량 | 矮胖 ǎipàng
혱 땅딸막하다 | 白色 báisè 圐 흰색 | 裤子 kùzi 圐 바지 | 记 jì 톹 기억하다 | 清楚 qīngchu 혱 뚜렷하다

❶ 他四五十岁

어림수를 표현할 때는 조사 来나 명사 左右 등을 써서 표현할 수 있습니다.

四十来岁 40세 가량   一米六左右 1m 60 정도

그러나 본문의 四五十岁라는 표현처럼 직접 수사를 나열하는 방법도 있습니다. '서넛', '예닐곱'과 같은 우리말 표현과 비슷하다고 할 수 있습니다.

四五十岁 4-50세   五六名 5-6명

❷ 矮胖矮胖的

矮胖은 又矮又胖이라는 뜻으로 黑瘦黑瘦, 白胖白胖, 细长细长, 短粗短粗 처럼 외양을 표현하는 말입니다. 이처럼 형용사는 중첩하여 쓰이는데, 이때는 다시 정도부사 很을 쓰지 않습니다. 또 끝에 的를 덧붙여 씁니다. 1음절일 때는 그대로 중첩하여 쓰고, 2음절 형용사는 AABB 형식으로 중첩하여 씁니다. 일부 형용사는 위와 같이 ABAB 형식으로 중첩하기도 합니다.

他写的字，小小的、方方的，整齐极了。
그가 쓴 글씨는 아주 작고 네모 반듯한 것이 아주 가지런합니다.
这里的天蓝蓝的、云白白的、草绿绿的，真不想离开这儿。
이곳의 하늘은 파아랗고, 구름은 새하야며 풀은 파릇파릇한 것이 정말 이곳을 떠나고 싶지 않아요.

高高兴兴 신나다   平平安安 평안하다   认认真真 성실하다   干干净净 말끔하다

본문 ❓해

1. 본문에서 화자가 설명한 것은 무엇무엇인가요?
2. 그 사람이 입은 바지는 아마도 무슨 색이었다고 기억하나요?

재미있는 팻말

MP3 05-3

校门外有一家小饭馆，是不久以前新开的。有一天，
Xiàomén wài yǒu yì jiā xiǎo fànguǎn, shì bù jiǔ yǐqián xīn kāi de. Yǒu yì tiān,

我散步时，路过这家饭馆，发现门口挂着一个牌子，写得
wǒ sànbù shí, lùguò zhè jiā fànguǎn, fāxiàn ménkǒu guàzhe yí ge páizi, xiěde

上面很有意思："如果您吃得满意，请对朋友说；如果
shàngmiàn hěn yǒu yìsi: "Rúguǒ nín chī de mǎnyì, qǐng duì péngyou shuō; rúguǒ

您吃得不满意，请对老板说。"我就进去点了一菜一汤，
nín chī de bù mǎnyì, qǐng duì lǎobǎn shuō." Wǒ jiù jìnqù diǎn le yí cài yì tāng,

不但味道好得很，而且价钱十分便宜，服务也挺周到的。
búdàn wèidao hǎo de hěn, érqiě jiàqián shífēn piányi, fúwù yě tǐng zhōudào de.

后来我又去过很多次，回回满意。老板都知道我爱吃
Hòulái wǒ yòu qùguo hěn duō cì, huíhuí mǎnyì. Lǎobǎn dōu zhīdào wǒ ài chī

什么了，他还说，回国后，我一定会想念他的饭馆。
shénme le, tā hái shuō, huíguó hòu, wǒ yídìng huì xiǎngniàn tā de fànguǎn.

 새 단어

 MP3 05-4

校门 xiàomén 몡 교문 | 路过 lùguò 됭 지나가다, 거치다 | 挂 guà 됭 (고리·못 따위에) 걸다 | 满意 mǎnyì 됭 만족
하다 | 老板 lǎobǎn 몡 주인 | 得很 de hěn 몹시, 아주[형용사 뒤에 쓰여 정도가 심함을 나타냄] | 十分 shífēn 뷔 대
단히, 충분히 | 周到 zhōudào 혱 꼼꼼하다, 세심하다 | 后来 hòulái 뷔 나중에, 그 뒤에 | 回回 huíhuí 뷔 매번, 그때
마다 | 想念 xiǎngniàn 됭 그리워하다

36

❶ **如果**您吃得满意，请对朋友说

가정을 나타내는 접속사로, 앞절에는 가정의 내용이 나오고 뒷절에는 가정의 결과를 표현합니다.

如果他不去，我也不去。 만약 그가 가지 않으면 나도 가지 않겠습니다.
如果你要跟我学，我就教。 만약 네가 나와 공부하겠다면 내가 가르칠게.

❷ **不但**味道好得很，**而且**价钱十分便宜

'～할 뿐 아니라 또한 ～하다'는 뜻을 지닌 복문으로, 앞절보다 뒤의 내용이 더욱 심화된 것을
나타냅니다. 不但 대신에 不仅을 쓰기도 하고, 혹은 이 둘을 생략하고 而且만 쓰기도 합니다.

她不但长得漂亮，而且心底很善良。 그녀는 얼굴이 예쁠 뿐 아니라 마음씨도 착합니다.
西瓜不但很大，而且非常甜。 수박이 클 뿐 아니라 아주 다네요.

❸ **个个**满意

양사를 중첩해서 쓰면 '매'의 의미를 갖게 됩니다. 따라서 个个는 每个, 天天은 每天이라는
뜻입니다. 이때는 관형어나 부사어로 쓰입니다.

단어를 바꾸어 연습해 봅시다.

	味道好得很，		价钱十分便宜。
不但	太阳出来了，	**而且**	风停了。
	口语不流利，		语法错误很多。
	房子大得很，		交通挺方便。
	我不愿意，		大家都不喜欢。

본문 이해

1. 음식점 팻말에 쓰인 글의 의미는 무엇인가요?
2. 음식점에서 나오는 요리 맛은 어땠나요?

1. 다음 물음에 중국어로 답해 봅시다.

❶ 描写一个你认识的人。

❷ 你常去饭馆吃饭吗？有没有你满意的饭馆？

❸ 说说你理想的饭馆是什么样的。

2. 다음 그림을 보고 이야기를 만들어 중국어로 말해 봅시다.

脸型　皮肤　穿　眼睛　鼻子　耳朵　个子　戴

06 发生了一起交通事故。

한 건의 교통사고가 발생했습니다.

교통방송에서는 한 승용차 운전자가 음주 후 버스를 들이받아
한 명이 중상을, 두 명은 찰과상을 입은 사고 소식을 전했습니다.
또한 TV에서는 결혼에 관한 리서치 결과 결혼식이
현대인에게 점점 중요하게 여겨지고 있다고 말했습니다.

교통 방송 〔MP3〕06-1

今天下午， 本市又发生了一起交通事故。一个汽车
Jīntiān xiàwǔ,　　běn shì yòu fāshēng le yì qǐ jiāotōng shìgù. Yí ge qìchē

司机酒后开车，撞上了一辆从南往北开的公共汽车，
sījī jiǔ hòu kāichē, zhuàngshang le yí liàng cóng nán wǎng běi kāi de gōnggòngqìchē,

结果一人重伤，两人轻伤。请司机师傅一定要注意交通
jiéguǒ yì rén zhòngshāng, liǎng rén qīngshāng. Qǐng sījī shīfu yídìng yào zhùyì jiāotōng

安全，不要酒后开车，更不要闯红灯，那太危险了。
ānquán, bú yào jiǔ hòu kāichē, gèng bú yào chuǎng hóngdēng, nà tài wēixiǎn le.

 새 단어 〔MP3〕06-2

起 qǐ 양 번, 차례, 건 [횟수(回数)나 건수(件数)를 나타내는 데 쓰임] | 事故 shìgù 명 사고 | 撞 zhuàng 통 충돌하다,
부딪히다 | 结果 jiéguǒ 접 결국은, 끝내는 | 重 zhòng 형 무겁다, (정도가) 심하다 | 轻 qīng 형 가볍다, (정도가) 가볍
다 | 闯 chuǎng 통 갑자기 뛰어들다, 돌입하다 | 危险 wēixiǎn 형 위험하다

❶ 本市又发生了

상대방에 대하여 자기 쪽의 것을 가리킬 때 쓰는 대명사입니다.

本公司 본 회사　　　本国 본국　　　本身 그 자신　　　本位 본위

❷ 发生了一起交通事故

사건 등을 세는 양사로 件, 次와 비슷하게 쓰입니다.

两起火警　두 차례의 화재 경보
两起交通事故　두 건의 교통 사고

❸ 撞上了一辆从南往北开的公共汽车

从과 往은 함께 자주 쓰여 동작이 진행되는 방향을 나타냅니다. 从은 '~에서(부터)'라는 뜻으로 기점을 나타내며, 往은 '~을 향하여'라는 뜻으로 동작의 방향을 나타냅니다.

从右往左　오른쪽에서 왼쪽으로
从外往内　바깥에서 안쪽으로
从上往下　위쪽에서 아래쪽으로

본문 이해

1. 본문에서 전하는 교통사고의 원인은 무엇인가요?
2. 사고로 몇 명이 어떻게 다쳤나요?

TV 사회자가 리서치 결과를 말한다 (MP3) 06-3

最近，我们从上海、北京、广州了解到，占百分之
Zuìjìn, wǒmen cóng Shànghǎi、Běijīng、Guǎngzhōu liǎojiědào, zhàn bǎi fēn zhī

五十一的人认为"不举行婚礼就不算是结婚了"。其中
wǔshíyī de rén rènwéi "bù jǔxíng hūnlǐ jiù búsuàn shì jiéhūn le". Qízhōng

占百分之六十三的人认为"在什么地方举行婚礼很重要"，
zhàn bǎi fēn zhī liùshísān de rén rènwéi "zài shénme dìfang jǔxíng hūnlǐ hěn zhòngyào",

占百分之三十九的人选择在饭店举行婚礼。占百分之
zhàn bǎi fēn zhī sānshíjiǔ de rén xuǎnzé zài fàndiàn jǔxíng hūnlǐ. Zhàn bǎi fēn zhī

五十的人表示"为了永远记住这幸福的一天，会选择一
wǔshí de rén biǎoshì "wèi le yǒngyuǎn jìzhù zhè xìngfú de yìtiān, huì xuǎnzé yí

个有意义的好日子结婚"。这些都说明，婚礼在现代人
ge yǒu yìyì de hǎo rìzi jiéhūn". Zhèxiē dōu shuōmíng, hūnlǐ zài xiàndàirén

的心中越来越受到重视。
de xīnzhōng yuèláiyuè shòudào zhòngshì.

 새 단어 (MP3) 06-4

了解 liǎojiě 통 알다, 이해하다 | 占 zhàn 통 차지하다 | 举行 jǔxíng 통 거행하다 | 婚礼 hūnlǐ 명 결혼식 | 选择 xuǎnzé 통 선택하다 | 重视 zhòngshì 명 통 중시(하다), 중요시(하다)

❶ 占百分之五十一的人认为

占은 '차지하다', '점유하다'는 뜻으로 지위나 형세를 묘사할 때 주로 씁니다.

少数民族占人口的百分之八。 소수민족이 인구의 8%를 차지합니다.

他胜负的可能性各占一半。 그의 승부의 가능성은 각각 반을 차지합니다.

每个主交易所占的比例是多少？ 매 주 교역이 차지하는 비율은 얼마입니까?

❷ 婚礼在现代人的心中越来越受到重视

受到는 '~을 받다'는 뜻으로, 危险, 怀疑, 批评, 善待 등 다양한 의미의 단어와 함께 쓰입니다.
'~에 주목하다'라는 뜻의 重视는 본문에서처럼 '주목', '중시'라는 뜻으로도 쓰입니다. 이때,
다양한 관형어가 重视를 수식해 상세한 묘사를 할 수도 있습니다.

我感觉受到重视。 나는 주목을 받는다는 느낌이 듭니다.

将受到高度重视。 높은 주목을 받을 것입니다.

越来越受到人们的重视。 점점 사람들의 주목을 받게 되었습니다.

단어를 바꾸어 연습해 봅시다.

	举行婚礼		算是结婚了。
	交简历		能参加面试。
不	干完活儿	就不	可以下班。
	来中国		能了解中国。
	学汉字		能学好汉语。

본문이해

1. 리서치는 어디 사람들을 대상으로 했나요?

2. 사람들은 왜 길일을 택해 결혼하려고 하나요?

1. 다음 물음에 중국어로 답해 봅시다.

❶ 你知道中国有哪些交通规则? 和韩国一样吗? 有哪些不同?

❷ 你看见过交通事故吗? 当时的情况怎么样?

❸ 韩国年轻人对结婚或婚礼有什么看法?

❹ 请你说说你喜欢什么样的婚礼。

2. 주어진 단어를 활용하여 그림에 맞게 중국어로 이야기해 봅시다.

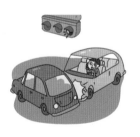

交通事故　　红灯　　撞　　从…往…

危险　　司机　　开车　　结果　　注意　　一定

07 周末怎么过?

주말을 어떻게 보냅니까?

한 회사원의 퇴근 후 일상은 몸 건강에 좋은 요리하기 아니면
정신 건강에 좋은 독서라고 합니다.
또 어느 청년은 토요일은 하루 종일 전시를 보고
다음날은 늦게까지 늦잠을 자며 주말을 보낸다고 합니다.

한 회사원의 이야기　🎧MP3 07-1

下班回家，我不是在厨房，就是在书房。我有两大
Xiàbān huíjiā, wǒ bú shì zài chúfáng, jiùshì zài shūfáng. Wǒ yǒu liǎng dà

爱好，一动一静，一个是做饭，一个是看书。做饭可以
àihào, yí dòng yí jìng, yí ge shì zuòfàn, yí ge shì kànshū. Zuòfàn kěyǐ

活动身体，看书可以丰富知识。怎么样？挺科学吧？
huódòng shēntǐ, kànshū kěyǐ fēngfù zhīshi. Zěnmeyàng? Tǐng kēxué ba?

你说我应该出去晒晒太阳？不用出去。坐在我家的阳台
Nǐ shuō wǒ yīnggāi chūqù shàishai tàiyáng? Búyòng chūqù. Zuòzài wǒ jiā de yángtái

上，一边晒太阳，一边看书，那才舒服呢！
shàng, yìbiān shài tàiyáng, yìbiān kànshū, nà cái shūfu ne!

　🎧MP3 07-2

厨房 chúfáng 몡 부엌, 주방 | 书房 shūfáng 몡 서재 | 静 jìng 혱 조용하다, 고요하다 | 活动 huódòng 됭 (몸을) 움
직이다 | 丰富 fēngfù 됭 풍부하게 하다 | 知识 zhīshi 몡 지식 | 科学 kēxué 몡 혱 과학(적이다) | 晒 shài 됭 햇볕이
내리쬐다, 햇볕을 쬐다 | 阳台 yángtái 몡 발코니, 베란다

❶ 我不是在厨房，就是在书房

'~아니면, ~이다'라는 뜻으로, 앞절과 뒷절은 서로 선택 관계에 있습니다. 둘 중 하나는 반드시 선택해야 할 때 쓰는 구문입니다.

我们每天不是上课就是考试，忙得很。 우리는 매일 수업 아니면 시험이라 정말 바쁩니다.
食堂的饭不是馒头就是米饭，我想吃点儿别的。
식당의 밥은 만터우 아니면 쌀밥인데, 나는 다른 것을 좀 먹고 싶습니다.

❷ 一边晒太阳，一边看书

병렬 관계를 나타내는 복문으로 '~하면서, ~하다'는 뜻입니다. 한 가지 일을 진행하는 동시에 다른 일도 같이 하는 것을 나타낼 때 쓰는 구문입니다.

我就一边看字幕，一边练习听力。 나는 자막을 보면서 듣기도 연습합니다.
我喜欢一边喝茶，一边听音乐。 나는 차를 마시며 음악 듣는 것을 좋아합니다.

단어를 바꾸어 연습해 봅시다.

我有两大爱好，		动		静。
我们家有两个孩子，		男		女。
他们俩向这边走来了，	一	前	一	后。
两个食堂，		大		小。
商店门口有两个灯，		左		右。

본문 이해

1. 화자는 퇴근 후 무엇을 하나요?
2. 화자는 왜 밖에 나가서 햇볕을 받을 필요가 없다고 했나요?

어느 젊은이의 이야기　　　　　　　　　　　　　　🎧MP3 07-3

周末怎么过？每个人都不一样。有的人喜欢全家
Zhōumò zěnme guò? Měi ge rén dōu bù yíyàng. Yǒu de rén xǐhuan quánjiā

团聚，大家一起做些好吃的饭菜，聊聊一周来的新闻；
tuánjù,　　dàjiā yìqǐ zuò xiē hǎochī de fàncài,　　liáoliao yìzhōu lái de xīnwén;

有的人喜欢出去玩儿，爬爬山、钓钓鱼什么的；年轻人
yǒu de rén xǐhuan chūqù wánr,　　pápa shān, diàodiao yú shénme de; niánqīngrén

都忙约会；有些做父母的为了培养教育孩子，只好利用
dōu máng yuēhuì; yǒuxiē zuò fùmǔ de wèile péiyǎng jiàoyù háizi, zhǐhǎo lìyòng

周末带孩子去各种辅导班。我呢，最喜欢周六去看展览，
zhōumò dài háizi qù gèzhǒng fúdǎobān. Wǒ ne, zuì xǐhuan zhōuliù qù kàn zhǎnlǎn

各种展览我都喜欢看。紧紧张张看一天，周日就痛痛
gèzhǒng zhǎnlǎn wǒ dōu xǐhuan kàn. Jǐnjin zhāngzhāng kàn yìtiān, zhōurì jiù tòngtong

快快睡懒觉，想睡到几点就睡到几点。
kuàikuài shuì lǎn jiào, xiǎng shuìdào jǐ diǎn jiù shuìdào jǐ diǎn.

 새 단어　　　　　　　　　　　　　　　　　🎧MP3 07-4

团聚 tuánjù 图 한자리에 모이다 | 饭菜 fàncài 图 밥과 반찬, 반찬 | 新闻 xīnwén 图 뉴스 | 钓鱼 diàoyú 图 낚시하
다 | 约会 yuēhuì 图图 만날 약속(을 하다) | 培养 péiyǎng 图 기르다, 배양하다 | 只好 zhǐhǎo 图 어쩔 수 없이 | 展
览 zhǎnlǎn 图 전람회, 전시 | 紧张 jǐnzhāng 图 바쁘다, 긴장해 있다 | 痛快 tòngkuài 图 통쾌하다

❶ 有的人喜欢全家团聚；有的人喜欢出去玩儿

有的는 '어떤 것/사람은 ~하고, 어떤 것/사람은 ~하다'라는 뜻으로, 전체를 구성하는 다양한 상황을 설명할 때 사용하는 구문입니다.

有的人喜欢冬天，有的人喜欢夏天。 어떤 사람들은 겨울을 좋아하고, 어떤 사람들은 여름을 좋아합니다.
大家都在休息，有的跟朋友聊天，有的看手机。
모두들 쉬고 있는데, 어떤 이는 친구와 이야기하고 어떤 이는 휴대전화를 봅니다.

❷ 爬爬山、钓钓鱼什么的

爬山처럼 '동사+목적어'의 구조로 조합된 단어를 특별히 이합사라는 이름을 붙여 부릅니다. 평소에는 하나의 단어로 쓰이지만, 떨어져 구의 형태로 쓰이기도 하기 때문입니다. 중첩 형태로 쓰일 때는 반드시 동사 부분만 중복해서 씁니다.

开个玩笑 농담을 하다
你唱一首歌吧。 네가 노래 한 곡 불러라.
他在国外留了五年学。 그는 외국에서 5년 간 유학을 하였다.

聊聊天 얘기하다　　　　　散散步 산책하다　　　　　跳跳舞 춤을 추다

🔾 형용사의 중첩 용법에 주의하여 문장을 읽어봅시다.

周日就痛痛快快睡懒觉。

我听得清清楚楚。

高高兴兴上班去，平平安安回家来。

他们高高兴兴地骑自行车走了。

这间屋子打扫得干干净净。

본문이해

1. 본문에 소개된 주말 활동에는 어떤 것들이 있나요?
2. 화자는 보통 주말에 무엇을 하나요?

1. 다음 물음에 중국어로 답해 봅시다.

❶ 年轻人晚上喜欢干什么?

❷ 你最喜欢什么运动? 不喜欢的话，其原因是什么?

❸ 周末你怎么过?

❹ 周末你睡到几点? 爱睡懒觉吗?

2. 다음 그림을 보고 이야기를 만들어 중국어로 말해 봅시다.

周末　　不是…就是…　　棒球　　爬山
有的…有的…　　喜欢　　钓鱼

08 我们公司每年招一些新工人。

우리 회사에서는 매년 신입사원을 뽑습니다.

한 회사의 공장장은 노련하고 책임감 있는 장년층의 경력사원과
열정적이고 열심히 배우는 젊은 신입사원의 각기 다른 장점을
설명하며 각 부분에 대해 만족해 합니다. 또 어느 주례자는 신랑 신부의
외모나 사람됨 등을 얘기하며 두 사람을 축복합니다.

공장장의 이야기　　　　　　　　　　　MP3 08-1

我们公司每年招一些新工人，其中有不少中年人
Wǒmen gōngsī měinián zhāo yìxiē xīn gōngrén, qízhōng yǒu bùshǎo zhōngniánrén

给我留下了很好的印象。因为他们年龄比较大，都工作
gěi wǒ liúxià le hěn hǎo de yìnxiàng. Yīnwèi tāmen niánlíng bǐjiào dà, dōu gōngzuò

过一段时间，所以他们懂技术、有经验，能够很快熟悉
guo yíduàn shíjiān, suǒyǐ tāmen dǒng jìshù、yǒu jīngyàn, nénggòu hěn kuài shúxī

工作，工作起来认真、负责，我对他们很满意。当然，
gōngzuò, gōngzuò qǐlái rènzhēn、fùzé,　　wǒ duì tāmen hěn mǎnyì. Dāngrán,

来面试的大学毕业生也不少，有一些也成了我们的新职员。
lái miànshì de dàxué bìyèshēng yě bù shǎo, yǒu yìxiē yě chéng le wǒmen de xīn zhíyuán.

他们热情、爱学习，技术和能力都提高得很快。我对他们
Tāmen rèqíng、ài xuéxí,　　jìshù hé nénglì dōu tígāo de hěn kuài. Wǒ duì tāmen

也很满意。
yě hěn mǎnyì.

 새 단어　　　　　　　　　　　MP3 08-2

公司 gōngsī 몡 회사 | 招 zhāo 동 모집하다 | 其中 qízhōng 몡 그중 | 留 liú 동 남기다, 전하다 | 印象 yìnxiàng 몡
인상 | 年龄 niánlíng 몡 나이, 연령 | 比较 bǐjiào 뵘 동 비교적; 비교하다 | 技术 jìshù 몡 기술 | 熟悉 shúxī 동 숙지
(熟知)하다 | 负责 fùzé 동 톙 책임이 있다, 책임을 지다; 책임감이 강하다 | 面试 miànshì 몡 동 면접 시험(을 보다) |
提高 tígāo 동 제고하다, 향상시키다

❶ 留下了很好的印象

'인상을 남기다', '인상을 주다'는 동사 留를 사용하여 표현합니다. 가운데 수식하는 말을 넣어 자세하게 설명할 수 있습니다.

留下难忘的印象　잊을 수 없는 인상을 남기다
留下深刻的印象　깊은 인상을 남기다

❷ 因为他们年龄比较大，都工作过一段时间，所以他们懂技术

'~때문에 (그래서) ~하다'라는 뜻으로, 어떤 상황에 대한 원인과 결과를 나타낼 때 쓰는 구문입니다.

因为太累了，所以连吃饭也不吃就睡觉。　너무 피곤해서 밥도 먹지 않고 잠을 잡니다.
因为今天下雨，所以不能去踢球。　오늘 비가 내려서 축구하러 갈 수 없습니다.

❸ 我对他们也很满意

对는 '~에 대해서'라는 뜻으로 동작이 향하는 대상을 나타내거나 그 설명이 관련되어 있는 대상을 나타냅니다.

散步对身体很好。　산책은 건강에 아주 좋습니다.
我对中国历史很有兴趣。　나는 중국 역사에 아주 관심이 많습니다.
我对他不太了解。　나는 그에 대해 잘 모릅니다.

본문이해

1. 화자가 생각하는 경력자들의 장점은 무엇인가요?
2. 화가가 생각하는 초임자들의 장점은 무엇인가요?

본문 2

주례사 〔MP3〕 08-3

我为上百对新人主持过婚礼，今天这对年轻人的父母
Wǒ wèi shàngbǎi duì xīnrén zhǔchíguo hūnlǐ, jīntiān zhè duì niánqīngrén de fùmǔ

都是我的同事，所以我对他们俩比较熟悉。小伙子长得
dōu shì wǒ de tóngshì, suǒyǐ wǒ duì tāmen liǎ bǐjiào shúxī. Xiǎohuǒzi zhǎng de

帅，有理想，很能干。姑娘聪明美丽，知识丰富，爱好
shuài, yǒu lǐxiǎng, hěn nénggàn. Gūniang cōngmíng měilì, zhīshi fēngfù, àihào

广泛。他们真心相爱，是天生的一对。说实话，我真羡慕
guǎngfàn. Tāmen zhēnxīn xiāng'ài, shì tiānshēng de yíduì. Shuō shíhuà, wǒ zhēn xiànmù

他们。为他们主持婚礼，我非常高兴。祝他们生活幸福！
tāmen. Wèi tāmen zhǔchí hūnlǐ, wǒ fēicháng gāoxìng. Zhù tāmen shēnghuó xìngfú!

 새 단어 〔MP3〕 08-4

对 duì 양 짝, 쌍[짝을 이룬 것을 셀 때 씀] | 主持 zhǔchí 동 주관하다, 주재하다 | 小伙子 xiǎohuǒzi 명 젊은이, 총
각 | 能干 nénggàn 형 유능하다, 재능 있다 | 姑娘 gūniang 명 아가씨, 딸 | 广泛 guǎngfàn 형 광범위하다, 폭넓다 |
天生 tiānshēng 형 자연적인, 천생의 | 羡慕 xiànmù 동 부러워하다, 흠모하다

❶ 我为上百对新人主持过婚礼

为는 행위의 대상을 표현할 때 쓰는 개사입니다.

为人民服务 인민을 위해 봉사하다   为农民唱歌 농민을 위해 노래하다

为顾客着想 고객을 위해 생각하다   为农村服务 농촌을 위해 봉사하다

이외에 목적이나 원인을 나타낼 때도 为를 씁니다.

为生活而写作 생활을 위해 쓰다   为现代化而努力工作 현대화를 위해 열심히 일하다

为友谊干杯 우정을 위해 건배하다   为胜利而欢呼 승리를 위해 환호하다

❷ 他们是天生的一对

천생연분의 두 사람을 일컫는 말입니다. 완전한 표현은 天生一对，地造一双입니다.

🔯 단어를 바꾸어 연습해 봅시다.

我		他们俩	很熟悉。
她		面试	重视。
我	对	他	了解。
老师		学生	严格。
他们		工作	负责。

	我真羡慕他们。
	没谈过恋爱。
说实话，	当不了领导。
	不好意思。
	觉得太突然了。

본문이해

1. 화자가 볼 때, 신랑은 어떤가요?
2. 화자가 볼 때, 신부는 어떤가요?

1. 다음 물음에 중국어로 답해 봅시다.

❶ 分小组，每个人既参加面试，又面试别人。再说说面试别人的印象。

❷ 如果你是面试官，你主要看什么？

❸ 传统婚礼的形式怎么样？

❹ 婚礼上人们说什么祝福的话？

2. 다음 그림을 보고 이야기를 만들어 중국어로 말해 봅시다.

| 新郎 | 新娘 | 喜糖 | 喜酒 | 热闹 |
| 祝 | 喜事多多 | 和和美美 | 白头到老 | |

城市好还是农村好?

도시가 좋습니까, 농촌이 좋습니까?

한 농촌 청년은 경제가 발전해 도시에 비해
여유 있으면서도 불편할 것 없는 농촌 생활의 매력을 소개합니다.
한편 왕핑은 '남녀평등'에 관한 발표에서 남녀평등에 대한
자신의 생각을 말합니다.

한 농촌 청년의 이야기

 MP3 09-1

城市好还是农村好？这不是一句话就能说清楚的。
Chéngshì hǎo háishi nóngcūn hǎo? Zhè bú shì yí jù huà jiù néng shuō qīngchu de.

城市里人太多、太挤了，哪有农村舒服呢？说实话，
Chéngshì lǐ rén tài duō、tài jǐ le,　　　　nǎ yǒu nóngcūn shūfu ne? Shuō shíhuà,

刚到农村的时候，我也觉得这不习惯、那不方便的。
gāng dào nóngcūn de shíhou, wǒ yě juéde zhè bù xíguàn、nà bù fāngbiàn de.

可经济在发展、社会在进步，农业生产搞得越来越好，
Kě jīngjì zài fāzhǎn、shèhuì zài jìnbù, nóngyè shēngchǎn gǎo de yuèláiyuè hǎo,

农民都富起来了，城市和农村的差别越来越小。在农村
nóngmín dōu fù qǐlái le, chéngshì hé nóngcūn de chābié yuèláiyuè xiǎo. Zài nóngcūn

住的时间越长，我对农村的感情越深。
zhù de shíjiān yuè cháng, wǒ duì nóngcūn de gǎnqíng yuè shēn.

 새 단어

 MP3 09-2

挤 jǐ 통 빽빽이 들어차다, 붐비다 | 经济 jīngjì 명 경제 | 发展 fāzhǎn 명 통 발전(하다) | 进步 jìnbù 명 통 진보(하다) |
农业 nóngyè 명 농업 | 生产 shēngchǎn 명 통 생산(하다) | 富 fù 형 부유하다, 많다 | 差别 chābié 차이, 격차,
차별 | 感情 gǎnqíng 명 감정

① 哪有农村舒服呢?

의문사를 사용한 반어문으로 비교 대상을 강조할 때 씁니다.

我哪有人家安妮漂亮?　내가 어디 애니처럼 예쁘니?
我的汉语哪有你说得好?　내 중국어 실력이 어디 너처럼 잘하니?

② 刚到农村的时候，我也觉得这不习惯、那不方便的

这는 '이 부분'을, 那는 '저 부분'을 가리키므로 결론적으로는 '모든 부분'을 뜻합니다. 이 구문은
주로 부정적인 내용을 강조하여 표현하고자 할 때 씁니다.

到了一个新环境，肯定是这不了解那不熟悉的。
새로운 환경에 가면, 분명 이것도 이해 안 되고 저것도 익숙치가 않습니다.
明天就考试了，我还这没复习、那没复习呢。
내일 바로 시험인데 나는 아직 이것도 못 봤고 저것도 못 봤습니다.

③ 在农村住的时间越长，我对农村的感情越深

越…越…는 앞 구문의 내용이 심화됨에 따라 뒤의 내용도 심화됨을 뜻합니다.

年龄越大，对生活的理解越深。　나이가 들수록 생활에 대한 이해도 깊어집니다.
教育水平越高，经济发展越快。　교육 수준이 높아짐에 따라 경제 발전도 빨라집니다.

본문 이해

1. 화자는 도시에 대해 어떻게 생각하고 있나요?
2. 화자는 현재 어디에서 살고 있나요?

본문 2

왕핑의 발표 원고 일부분   MP3 09-3

"男女平等"是一个全社会都关心的话题。平等既是
"Nánnǚ píngděng" shì yí ge quán shèhuì dōu guānxīn de huàtí. Píngděng jì shì

一个政治问题，也是一个经济问题。在现代社会，女人和
yí ge zhèngzhì wèntí, yě shì yí ge jīngjì wèntí. Zài xiàndài shèhuì, nǚrén hé

男人一样走出家庭，参加工作，这就为实现男女平等
nánrén yíyàng zǒuchū jiātíng, cānjiā gōngzuò, zhè jiù wèi shíxiàn nánnǚ píngděng

打下了基础。可是目前，在社会上和家庭中，都还存在着
dǎxià le jīchǔ. Kěshì mùqián, zài shèhuì shàng hé jiātíng zhōng, dōu hái cúnzàizhe

男女不平等的现象，比如有一种说法是："女人干得好，
nánnǚ bù píngděng de xiànxiàng, bǐrú yǒu yì zhǒng shuōfǎ shì: "nǚrén gàn de hǎo,

不如嫁得好"。那么，女人怎样做才算处理好家庭和事业
bùrú jià de hǎo". Nàme, nǚrén zěnyàng zuò cái suàn chǔlǐhǎo jiātíng hé shìyè

的关系了？怎样才能得到真正的平等呢？
de guānxi le? Zěnyàng cái néng dédào zhēnzhèng de píngděng ne?

새 단어   MP3 09-4

话题 huàtí 명 화제 | 既…也… jì…yě… ~할 뿐만 아니라 ~하다 | 政治 zhèngzhì 명 정치 | 实现 shíxiàn 동 실현

하다, 달성하다 | 打(基础) dǎ (jīchǔ) 동 (기초를) 닦다 | 目前 mùqián 명 지금, 현재 | 存在 cúnzài 동 존재하다 |

现象 xiànxiàng 명 현상 | 不如 bùrú 동 ~만 못하다 | 嫁 jià 동 시집가다 | 处理 chǔlǐ 동 처리하다, (일을) 안배하다,

(문제를) 해결하다

❶ 平等既是一个政治问题，也是一个经济问题

既…也…는 구조가 비슷하거나 같은 구를 연결하여 앞절에 이어 뒷절에서 좀 더 깊은 내용을 설명하고자 할 때 쓰는 구문입니다.

我晚上既不喝茶，也不喝咖啡。　나는 저녁에 차를 안 마실 뿐 아니라 커피도 마시지 않습니다.

学习汉语既要多听多说，也要多读多写。
중국어 공부는 많이 듣고 말해야 할 뿐 아니라 많이 읽고 써야 합니다.

❷ 女人干得好，不如嫁得好

비교문의 일종으로, 앞서 말한 사람이나 사물, 상황이 뒤에서 언급한 것보다 못하다는 뜻으로 比不上과 비슷하게 쓰입니다.

百闻不如一见。　백문이 불여일견이다.

衣不如新，人不如旧。　옷은 새 옷이 좋고, 친구는 옛 친구가 좋다.

🌀 단어를 바꾸어 연습해 봅시다.

女人干得好，		嫁得好。
这里的春天，		秋天漂亮。
坐公交车，	不如	坐地铁快。
学校食堂，		外边饭馆儿好吃。
我的汉语，		他说得好。

본문 이해

1. 화자가 생각하기에 현재 남녀평등이 실현되지 않는 이유는 무엇인가요?
2. "女人干得好，不如嫁得好"의 의미는 무엇인가요?

1. 다음 물음에 중국어로 답해 봅시다.

❶ 住在城市好还是住在农村好? 请双方辩论一下。

❷ 请介绍一下自己的城市。

❸ 你认为现代社会实现了男女平等吗? 为什么?

❹ 你认为家务事应该谁来做?

2. 다음 그림을 보고 이야기를 만들어 중국어로 말해 봅시다.

既…也…	公司	工作	家	养育
家务	不公平	现象	怎样	

10 队员们都棒极了。

팀원들은 모두 정말 대단합니다.

합창부 특별 활동을 하는 한 학생은 선생님께서 알려주는 발성법대로
노래를 했더니 아주 좋아졌습니다. 또 한 글로벌 축구팀은
경기 시작 때는 많이 긴장했지만 응원단의 응원 소리를 듣고
힘을 내 경기해 경기에서 승리했다고 합니다.

어느 학생의 일기　　　　　　　　　　　　　　　　MP3 10-1

我们学校有很多课外活动小组，每个小组有一位老师
Wǒmen xuéxiào yǒu hěn duō kèwài huódòng xiǎozǔ, měi ge xiǎozǔ yǒu yí wèi lǎoshī

辅导，同学们可以按照自己的兴趣报名参加。今天，我
fúdǎo, tóngxuémen kěyǐ ànzhào zìjǐ de xìngqù bàomíng cānjiā. Jīntiān, wǒ

报名参加了合唱队，第一次参加了合唱队的活动。辅导
bàomíng cānjiā le héchàngduì, dì-yī cì cānjiā le héchàngduì de huódòng. Fúdǎo

老师说我的声音很好，可是唱歌的方法不对。老师教了
lǎoshī shuō wǒ de shēngyīn hěn hǎo, kěshì chànggē de fāngfǎ bú duì. Lǎoshī jiāo le

我们发声的方法，我试了试，觉得好多了。从今天开始，
wǒmen fāshēng de fāngfǎ, wǒ shì le shì, juéde hǎo duō le. Cóng jīntiān kāishǐ,

我要好好儿练习，将来当一个歌手，实现我的梦想。
wǒ yào hàohāor liànxí, jiānglái dāng yí ge gēshǒu, shíxiàn wǒ de mèngxiǎng.

 새 단어　　　　　　　　　　　　　　　　MP3 10-2

课外 kèwài 몡 수업 외 | 小组 xiǎozǔ 몡 소그룹 | 按照 ànzhào 꽤 ~에 따라 | 报名 bàomíng 통 등록하다 | 发声
fāshēng 몡 발성 통 소리를 내다 | 当 dāng 통 담당하다, ~이[가] 되다 | 梦想 mèngxiǎng 몡 꿈

❶ 按照自己的兴趣报名参加

说(讲), 说来, 来说 등의 단어와 같이 쓰이며, 먼저 언급했던 근거가 되는 이유나 주요 사항에 대해 다시 한번 결론을 말할 때 씁니다.

按照政策办事。 정책에 따라 일을 처리합니다.

按照经验讲, 他们还是新手, 却取得了很大成绩。
경험에 비추어 말하자면, 그들은 여전히 신참인데도 오히려 이렇게 큰 성과를 낸 것입니다.

❷ 老师教了我们发声的方法

중국어에서 일부 동사는 목적어를 두 개 가질 수 있는 동사가 있는데, 이런 동사가 술어로 쓰인 문장을 이중목적어 동사술어문이라고 합니다. 일반적으로 사람을 가리키는 목적어를 먼저 놓고 그 뒤에 동작의 대상이 되는 목적어를 놓습니다. 이중목적어를 가질 수 있는 동사에는 教, 问, 告 诉, 给, 送 등이 있습니다.

주어	동사	목적어1	목적어2	
老师	教了	我们	发声的方法。	= 老师教我们。+ 老师教发声的方法。
선생님은	가르쳤다	나에게	발성법을	

我问了老师不少问题。 나는 선생님께 질문을 많이 했습니다.

给你零钱, 请收好! 잔돈 여기 있습니다. 받으세요!

본문 이해

1. 화자가 합창단에 들어갔을 때, 지도 교사는 뭐라고 말했나요?

2. 화자의 꿈은 무엇인가요?

축구팀 주장의 이야기 🎧MP3 10-3

我是国际足球队的队长，队员们都棒极了。一般每
Wǒ shì guójì zúqiú duì de duìzhǎng, duìyuánmen dōu bàng jíle. Yìbān měi

两周进行一次比赛，大家都很认真。我的女朋友是拉拉队
liǎng zhōu jìnxíng yí cì bǐsài, dàjiā dōu hěn rènzhēn. Wǒ de nǚpéngyou shì lālāduì

的队长。有了他们的热情支持，比赛的时候，我们更有
de duìzhǎng. Yǒu le tāmen de rèqíng zhīchí, bǐsài de shíhou, wǒmen gèng yǒu

精神了，今天的比赛就是这样。开始的时候，大家很紧张，
jīngshen le, jīntiān de bǐsài jiùshì zhèyàng. Kāishǐ de shíhou, dàjiā hěn jǐnzhāng,

都怕输掉比赛。这时候，我听见了拉拉队员们的加油声
dōu pà shūdiào bǐsài. Zhè shíhou, wǒ tīngjiàn le lālāduì yuánmen de jiāyóu shēng

"国际队一定赢！"。离比赛结束还有最后一分钟的时候，
"guójì duì yídìng yíng!". Lí bǐsài jiéshù háiyǒu zuìhòu yì fēnzhōng de shíhou,

我们队又踢进了一个球！2比1，我们队赢了！大家又是
wǒmen duì yòu tījìn le yí ge qiú! Èr bǐ yī, wǒmen duì yíng le! Dàjiā yòu shì

握手又是拥抱，高兴极了。
wòshǒu yòu shì yōngbào, gāoxìng jíle.

새 단어 🎧MP3 10-4

足球 zúqiú 몡 축구 | 队长 duìzhǎng 몡 주장, 대장 | 队员 duìyuán 몡 대원, 팀원 | 棒 bàng 톙 (수준이) 높다, 훌
륭하다, (체력이나 능력이) 강하다 | 进行 jìnxíng 됭 (어떠한 활동을) 하다 | 比赛 bǐsài 몡 됭 시합(하다) | 拉拉队
lālāduì 몡 응원단 | 支持 zhīchí 됭 지지하다, 후원하다 | 结束 jiéshù 됭 끝나다, 마치다, 종료하다 | 握手 wòshǒu
몡 됭 악수(하다) | 拥抱 yōngbào 됭 포옹하다

66

① 队员们都棒极了

형용사나 심리동사 뒤에서 사물의 상태나 화자, 주어의 심리 상태가 도달한 정도를 설명하는 말을 정도보어라고 하는데, 앞서 배운 得가 없이도 '매우', '대단히', '죽을 정도로'라는 뜻을 나타내는 말이 있습니다. 极了가 대표적이며, 死了, 坏了, 透了 등도 비슷한 의미로 쓰입니다.

今天热极了。 오늘 엄청 덥습니다.
这件衣服漂亮极了。 이 옷은 정말 예쁩니다.

我一天没吃东西，饿死了。 나는 하루내내 아무것도 안 먹었더니 배고파 죽겠습니다.
乐坏他了。 그는 완전 신났습니다.

② 离比赛结束还有最后一分钟的时候

离는 대표적인 개사로, 동작·행위가 진행되는 시간, 공간 등을 구체적으로 알려주는 역할을 합니다.

离2018年还有三天。 2018년까지 3일 남았습니다.
这里离火车站有五六十公里。 여기는 기차역에서 5~60km 거리입니다.

단어를 바꾸어 연습해 봅시다.

	每两周	进行一次比赛。
	一个月	有一次考试。
一般	一个学期	回一次家。
	每两个星期	聚一聚。
	每隔三分钟	来一辆车。

본문이해

1. 화자가 속해 있는 축구팀은 얼마만에 한 번씩 시합을 하나요?
2. 화자가 생각할 때 오늘의 경기를 이긴 원인은 무엇인가요?

1. 다음 물음에 중국어로 답해 봅시다.

   ❶ 你的学校有课外活动小组吗?

   ❷ 你对什么感兴趣? 你参加过什么课外活动小组?

   ❸ 介绍一场你印象深刻的球赛。

   ❹ 你周围有一直支持你的朋友吗? 介绍一下。

2. 다음 그림을 보고 이야기를 만들어 중국어로 말해 봅시다.

篮球　　比赛　　…极了　　…的时候
紧张　　怕输掉　　拉拉队　　加油　　进球

11 爱生活的人永远年轻。

삶을 사랑하는 사람은 영원히 젊습니다.

한 은퇴한 노인은 매일 즐겁게 살면
더욱 더 젊어지는 것 같다고 합니다.
또 어느 노인은 건강하고 즐거운 것이
무엇보다 중요하다고 이야기합니다.

한 은퇴한 사람의 이야기 　　　　　　　　　　　　MP3 11-1

我的生活很精彩，天天过得很开心。年轻的时候，
Wǒ de shēnghuó hěn jīngcǎi, tiāntiān guò de hěn kāixīn. Niánqīng de shíhou,

我爱好运动，经常打篮球、排球、乒乓球。我也喜欢
wǒ àihào yùndòng, jīngcháng dǎ lánqiú、 páiqiú、 pīngpāngqiú. Wǒ yě xǐhuan

旅行，游览了许多名胜古迹。我还做过许多种工作，当
lǚxíng, yóulǎn le xǔduō míngshèng gǔjì. Wǒ hái zuòguo xǔduō zhǒng gōngzuò, dāng

过老师、导游和律师。虽然现在已经退休了，可是我还
guo lǎoshī、 dǎoyóu hé lǜshī. Suīrán xiànzài yǐjīng tuìxiū le, kěshì wǒ hái

有干不完的事。我常常去老年人活动中心，跟周围
yǒu gànbuwán de shì. Wǒ chángcháng qù lǎoniánrén huódòng zhōngxīn, gēn zhōuwéi

的退休老人一起健身和娱乐，好像人也变得年轻了。
de tuìxiū lǎorén yìqǐ jiànshēn hé yúlè, hǎoxiàng rén yě biàn de niánqīng le.

实践证明：爱生活的人永远年轻。
Shíjiàn zhèngmíng: ài shēnghuó de rén yǒngyuǎn niánqīng.

 　　　　　　　　　　　　　　　　　　　　MP3 11-2

精彩 jīngcǎi 형 뛰어나다, 훌륭하다, 멋이 있다 | 游览 yóulǎn 명 동 유람(하다) | 退休 tuìxiū 명 동 퇴직(하다) | 健身
jiànshēn 동 몸을 건강하게 하다 | 娱乐 yúlè 명 동 오락, 즐거움; 오락하다, 즐겁게 보내다 | 实践 shíjiàn 명 동 실천(하
다), 이행(하다) | 永远 yǒngyuǎn 형 부 영원하다; 늘, 언제나

❶ 我也喜欢旅行，游览了许多名胜古迹

중국어 동사에는 목적어를 지닐 수 있는 동사와 그렇지 못한 동사가 있습니다. 游览은 장소를 목적어로 가질 수 있어서 '~로 여행하다'는 뜻을 나타낼 수 있습니다.

游览了全世界。 전세계를 여행했습니다.
游览了三个城市。 세 개의 도시를 여행했습니다.

비슷한 뜻을 가진 旅行, 旅游의 경우는 목적어를 지닐 수 없어, '~로 여행하다'는 뜻을 나타내려면 개사 在를 써서 표현하거나 연동문처럼 표현해야 합니다.

在中国旅行 중국에서 여행하다
我去国外旅游过一次。 나는 국외 여행한 적이 한 번 있다.

❷ 好像人也变得年轻了

인칭대체사는 1인칭, 2인칭, 3인칭으로 분류할 수 있는데, 본문에서의 人처럼 특별한 대체사가 있습니다. 때에 따라서 상대를, 혹은 제3자를 가리키기도 하며 본문에서처럼 말하는 사람 자신(=我)을 가리키기도 합니다.

단어를 바꾸어 연습해 봅시다.

好像人也	变		年轻了。
她	长		很漂亮。
他	高兴		跳起来了。
我这几天都	睡	得	很晚。
我	笑		肚子疼。
他说汉语	说		很好。

본문 이해

1. 화자의 젊은 시절 취미는 무엇인가요?
2. 화자의 예전 직업은 무엇이었나요?

어느 행복한 노인의 이야기 MP3 11-3

人们常问我，为什么不把钱存在银行里。我是怎样
Rénmen cháng wèn wǒ, wèishénme bù bǎ qián cúnzài yínháng lǐ. Wǒ shì zěnyàng

想的呢？我现在身体还不错，没什么大病，我要多尝些
xiǎng de ne? Wǒ xiànzài shēntǐ hái búcuò, méi shénme dà bìng, wǒ yào duō cháng xiē

没尝过的东西，多去些好玩儿的地方看看。要是等老得
méi chángguo de dōngxi, duō qù xiē hǎowánr de dìfang kànkan. Yàoshi děng lǎo de

走不动了，牙也掉光了，再用这些钱打针、吃药、住医院，
zǒubudòng le, yá yě diàoguāng le, zài yòng zhèxiē qián dǎzhēn、chīyào、zhù yīyuàn,

那多没意思呀！除了吃和玩以外，剩下的钱我就捐出去。
nà duō méiyìsi ya!　　Chúle chī hé wán yǐwài, shèngxià de qián wǒ jiù juān chūqu.

我没儿没女，这些钱留着，死也带不走，还不如帮助穷
Wǒ méi ér méi nǚ,　zhèxiē qián liúzhe,　sǐ yě dàibuzǒu,　hái bùrú bāngzhù qióng

孩子上学呢。把钱用在有用的地方，我心里特别高兴。
háizi shàngxué ne.　Bǎ qián yòngzài yǒuyòng de dìfang, wǒ xīnlǐ tèbié gāoxìng.

人老了才知道，健康和快乐比什么都重要。
Rén lǎo le cái zhīdào,　jiànkāng hé kuàilè bǐ shénme dōu zhòngyào.

 새 단어 MP3 11-4

掉 diào 동 떨어지다, 빠지다 | 光 guāng 형 조금도 남지 않다[주로 보어로 쓰임] | 剩 shèng 동 남다, 남기다 | 捐
juān 동 기부하다 | 穷 qióng 형 가난하다

72

❶ 我是怎样想的呢?

是…的 구문은 시간, 장소, 방식, 행위자, 대상, 목적, 원인 등 구체적인 사항 혹은 정보를 강조할 때 사용합니다.

他是昨天来的。 그는 어제 왔습니다.
我是坐飞机来的。 나는 비행기를 타고 왔습니다.

하지만 본문에서처럼 주어에 대한 설명 또는 화자의 주관적인 추측, 판단, 태도 등을 나타낼 때도 씁니다. 是와 的를 생략해도 문장은 성립한다는 점에서 앞서 말한 강조용법의 구문과는 다릅니다.

我相信他是会来的。 나는 그가 오리라 믿습니다.
你的话是很正确的。 당신 말씀이 맞습니다.
饭钱是该大家出的。 밥값은 모두가 내야 합니다.
你的话是不对的。 당신이 한 말은 틀렸습니다.

❷ 健康和快乐比什么都重要

比는 비교 대상 간에 차이를 나타낼 때 쓰는 단어인데, 비교 주체와 비교 기준의 차이를 강조하고 싶을 경우, 술어 뒤에 구체적인 수량을 나타내거나 비교 결과 앞에 정도부사 更, 还를 사용합니다.

猪肉比牛肉便宜一点儿。 돼지고기는 소고기보다 좀 쌉니다.
他比我更喜欢她。 그는 나보다 그녀를 더 좋아합니다.

의문사가 궁금한 내용을 물어보는 상황이 아닐 때도 쓸 수 있는데, 대표적으로는 가리키는 모든 사람(=누구나) 혹은 사물(=무엇이든지)을 나타냅니다. 이때 뒤에 부사 都를 써서 강조하기도 합니다.

我什么都知道。 나는 뭐든 다 알아.
谁都说服不了他。 누구도 그를 설득할 수 없습니다.

본문 이해

1. 화자가 돈을 은행에 저축하지 않는 이유는 무엇인가요?
2. 쓰고 남는 돈을 어려운 아이들에게 기부하려는 이유는 무엇인가요?

1. 다음 물음에 중국어로 답해 봅시다.

❶ 你家有爷爷或奶奶吗？请你介绍他的生活。

❷ 退休老人一般怎样生活？他们去养老院吗？

❸ 你有没有想过退休以后的生活？说说你退休后要怎样生活。

❹ 谈谈你对幸福的看法。

2. 다음 그림을 보고 이야기를 만들어 중국어로 말해 봅시다.

精彩　喜欢　健身　娱乐　开心　虽然…可是…　年轻

我真舍不得离开中国。

저는 정말 중국을 떠나기 아쉽습니다.

춘절 때 자신이 태어난 고향으로 가서 어릴 적 친구들을
만나는 등 왕핑은 겨울 방학을 신나게 보냈습니다.
유학 생활이 끝난 피터는 꼭 중국통이 되어
제2의 고향인 중국에 오겠다는 다짐을 합니다.

본문1

왕핑이 친구에게

MP3 12-1

这个寒假我过得很开心。春节是我爷爷八十岁生日，
Zhè ge hánjià wǒ guò de hěn kāixīn. Chūnjié shì wǒ yéye bāshí suì shēngrì,

我们全家都回老家了。在那儿过春节比在北京热闹多了。
wǒmen quánjiā dōu huí lǎojiā le. Zài nàr guò Chūnjié bǐ zài Běijīng rènao duō le.

回到我小时候生活过的地方，也是我出生的地方，
Huídào wǒ xiǎo shíhou shēnghuóguo de dìfang, yě shì wǒ chūshēng de dìfang,

我感到特别亲切。老家的变化太大了，小时候的朋友们
wǒ gǎndào tèbié qīnqiè. Lǎojiā de biànhuà tài dà le, xiǎo shíhou de péngyoumen

也都长成大人了，我都认不出他们来了。
yě dōu zhǎngchéng dàrén le, wǒ dōu rèn bu chūlai tāmen le.

 새 단어

MP3 12-2

小时候 xiǎo shíhou 어린 시절, 유년기 | 热闹 rènao 형 떠들썩하다, 활기가 넘치다, 시끌벅적하다 | 出生 chūshēng
동 출생하다 | 感到 gǎndào 동 느끼다, 생각하다, 여기다 | 亲切 qīnqiè 형 친근하다, 친절하다

❶ 在那儿过春节比在北京热闹多了

比는 비교 대상 간에 차이를 나타낼 때 쓰는 개사입니다. 비교 주체와 비교 기준의 차이를 구체적으로 나타낼 때는 비교 결과 뒤에 어림수나 수량사 등을 써서 표현합니다.

今天比昨天冷多了。 오늘이 어제보다 훨씬 춥습니다.

我比他大三岁。 나는 그보다 세 살 많습니다.

猪肉比牛肉便宜一点儿。 돼지고기가 소고기보다 좀 쌉니다.

❷ 我都认不出他们来了

出来는 동사 뒤에서 동작의 방향이 안에서 밖으로 향하는 것을 뜻할 때 씁니다.

女生走出食堂来了。 여학생이 식당에서 걸어 나왔습니다.

여기에 대상을 식별하는 의미도 포함하고 있습니다. 가능보어로 쓰일 때는 대상을 出와 来 사이에 둡니다.

我喝出来了，这是青岛啤酒。 내가 마셔 보니 알겠어. 이건 칭다오 맥주야.

你看出我来了吗? 너 날 알아보겠어?

我都听不出他的声音来了。 나는 그의 목소리를 잘 못 알아차리겠어.

1. 왕핑은 어릴 적 지내던 곳을 방문하고 어떤 기분이 들었나요?
2. 왕핑은 왜 어릴 적 친구들을 알아보지 못했나요?

피터의 이야기　 MP3 12-3

我在中国的留学生活结束了。我又高兴又难过。
Wǒ zài Zhōngguó de liúxué shēnghuó jiéshù le. Wǒ yòu gāoxìng yòu nánguò.

高兴的是：学到了真正的汉语；交了许多朋友；游览了
Gāoxìng de shì: xuédào le zhēnzhèng de Hànyǔ; jiāo le xǔduō péngyou; yóulǎn le

许多名胜古迹；对中国的过去和现在更了解了。我将
xǔduō míngshèng gǔjì; duì Zhōngguó de guòqù hé xiànzài gèng liǎojiě le. Wǒ jiāng

带着这些收获回到我的祖国。难过的是：我真舍不得离开
dàizhe zhèxiē shōuhuò huídào wǒ de zǔguó. Nánguò de shì: wǒ zhēn shěbude líkāi

中国，舍不得离开我的学校、我亲爱的老师和同学们。
Zhōngguó, shěbude líkāi wǒ de xuéxiào、 wǒ qīn'ài de lǎoshī hé tóngxuémen.

我有两个愿望：第一，回国后，我要继续提高汉语水平，
Wǒ yǒu liǎng ge yuànwàng: dì-yī, huíguó hòu, wǒ yào jìxù tígāo Hànyǔ shuǐpíng,

关心中国各方面的情况，向我们国家的人作介绍；第二，
guānxīn Zhōngguó gè fāngmiàn de qíngkuàng, xiàng wǒmen guójiā de rén zuò jièshào; dì-èr,

我一定要"常回家看看"，这个"家"就是我的第二故乡 —
wǒ yídìng yào "cháng huíjiā kànkan", zhè ge "jiā" jiùshì wǒ de dì-èr gùxiāng –

中国。
Zhōngguó.

 새 단어　MP3 12-4

难过 nánguò 혭 슬프다, 고생스럽다 | 收获 shōuhuò 몡 통 성과, 수확(하다) | 舍不得 shěbude 통 헤어지기 아쉽다 |
离开 líkāi 통 떠나다, 헤어지다 | 亲爱 qīn'ài 혭 친애하다, 사랑하다 | 愿望 yuànwàng 몡 바람, 희망 | 继续 jìxù 통
계속하다 | 情况 qíngkuàng 몡 상황, 형편 | 作 zuò 통 하다, 만들다, 짓다 | 故乡 gùxiāng 몡 고향

❶ 중국어의 문장 부호

중국어 문장 부호 중 。? ! 의외에도 문장에서 자주 쓰이는 문장 부호를 알아봅시다.

| , | 逗号 dòuhào | 반점 | 복문에서 각 문장의 휴지를 나타냅니다. |

第一，回国后，我要继续提高汉语水平。
첫째, 귀국 후, 나는 계속해서 중국어 실력을 향상시킬 것입니다.

| 、 | 顿号 dùnhào | 모점 | 병렬된 단어 사이의 휴지를 나타냅니다. |

这里有自由、民主、平等、开放的风气和氛围。
이곳에는 자유, 민주, 평등, 개방의 풍조와 분위기가 있다.

| ; | 分号 fēnhào | 쌍반점 | 병렬된 문장 사이의 휴지를 나타냅니다. |

| : | 冒号 màohào | 쌍점 | 제시적인 단어(说, 例如, 证明 등) 뒤에서 그 다음 문장을 제시할 때나, 편지, 연설 원고에서 사람의 호칭 뒤에 사용합니다. |

高兴的是：学到了真正的汉语；交了许多朋友。
기쁜 것은 진짜 중국어를 배웠고, 많은 친구들을 사귄 것입니다.

| —— | 破折号 pòzhéhào | 줄표 | 내용 주석 및 보충 설명이나 문장 중간의 설명 삽입을 나타냅니다. |

一个矮小而结实的日本中年人——内山老板走了过来。
왜소하지만 탄탄한 일본 중년 – 우치야마 사장님이 걸어왔다.

❷ 向 我们国家的人作介绍

向은 '~를 향해'라는 뜻으로 공간이나 대상을 표현하는 개사로 주로 쓰입니다.

男的向左走，女的向右走。 남자는 왼쪽으로 가고 여자는 오른쪽으로 갑니다.
我房间的窗户朝/向南开。 내 방의 창문은 남쪽으로 나 있습니다.

朝+N, 向+N은 대상을 나타낼 수 있다. 点头, 挥手, 摆手, 瞪眼, 使眼色와 같은 신체 동작동사의 앞에서는 朝, 向 모두 출현할 수 있지만, 道歉, 请教, 借, 打听 등과 같은 동사 앞에서는 向+N만 출현할 수 있다.

我向你道歉！ 내가 너에게 사과할게!
我来向您请教。 나는 당신에게 가르침을 청하러 왔습니다.

본문 이해

1. 유학 생활을 마감하면서 화자가 기쁜 이유와 슬픈 이유는 무엇인가요?
2. 화자의 바람 두 가지는 무엇인가요?

1. 다음 물음에 중국어로 답해 봅시다.

❶ 介绍一次难忘的假期生活。

❷ 你的老家在哪儿? 那儿怎么样? 有什么特产?

❸ 你对在国内学习和出国留学有什么看法?

❹ 你是怎么选择的? 为什么?

2. 다음 그림을 보고 이야기를 만들어 중국어로 말해 봅시다.

| 老家 | 春节 | 热闹 | …多了 | 年糕汤 | 开心 |
| 游乐园 | 向 | 拜年 | 压岁钱 | 感到 | |

부록

UNIT 01

10쪽

애니의 봄 이야기

봄이 왔습니다. 나무도 푸른 색을 띠고 풀도 푸른 색으로 바뀌었습니다. 많은 꽃들이 모두 활짝 피어났습니다. 큰 바람이 불거나 가랑비가 내리는 때를 제외하곤 날씨는 매우 좋습니다. 밖은 갈수록 따스해집니다. 산책하러 나오는 사람들도 갈수록 많아집니다. 낮이 길어졌고 밤은 짧아졌습니다. 아이들도 밖에서 더 놀 수 있게 되었습니다. 봄에 내 기분은 제일 좋습니다. 선생님께서 우리들에게 숙제를 하나 내주셨습니다. 봄에 대한 느낌을 이야기해 보는 것입니다. 저는 이미 다 준비했습니다.

저는 또한 중국 어린이에게 봄 노래 한 곡을 배웠는데 내일 급우들에게 불러 주려 합니다.

봄은 어디 있을까요?
봄은 어디 있을까요?
봄은 그 꼬마 녀석의 눈동자 속에 있지요.
빠알간 꽃들이 보입니다.
초록색 풀들도 보입니다.
목청껏 노래 부르는 작은 꾀꼬리도 있네요.

UNIT 02

16쪽

애니가 왕핑에게

야마다의 수술은 아주 순조롭게 잘 됐어. 그는 지금 아주 좋아. 며칠만 지나면 바로 퇴원할 수 있대. 듣자 하니 네가 그를 병문안 가려 한다던데 그가 오지 말라

고 전해 달래. 야마다가 그건 그저 아주 간단한 수술일 뿐이래. 별것 아니니까 너보고 마음 놓으래.

퇴원하고 건강해지면 그가 너와 함께 농구하겠대.

장 신이 엄마에게 전화를 한다

엄마, 메일 잘 받았어요. 전 엄마가 동의하지 않을 거라고 진작부터 생각하고 있었어요. 엄마, 제 말 좀 들어 보세요. 그는 비록 외국인이지만 우리 집의 관습을 존중하겠다고 했어요. 또 그는 교육을 잘 받아서 사람 됨됨이도 좋고 마음씨도 좋고 성격도 좋으며 주위의 친구들도 모두 훌륭하다는 거예요. 제가 그를 칭찬하고 있다고요? 그렇지 않아요. 여름 방학에 제가 그를 데리고 집으로 갈게요. 그를 만나 보시면 그는 정말 내가 사랑할 만한 사람이라고 확신하게 될 거예요.

UNIT 03

22쪽

애니의 이야기

나는 먹을 복이 있는 사람이에요. 무엇을 먹어도 맛이 있어요. 맵거나 달거나 시거나 짠 음식도 저는 다 잘 먹는답니다. 다양한 스타일의 음식을 맛보는 건 기분이 정말 좋아요. 나는 맥도날드나 KFC 등에 가고 싶지 않아요. 제가 지금 중국에 살고 있으니 당연히 중국 음식을 많이 먹어야지요. 그래야 제가 중국을 이해하는 데에도 도움이 되지요. 집이 그리워질 때만 저는 서양 음식을 한 끼 먹는답니다.

리사의 이야기

저는 소설책 읽는 것을 굉장히 좋아합니다. 미국 소설 이외에도 저는 영어로 번역된 외국 소설들을 많이 읽었습니다. 저는 또한 중국 문학을 좋아하는데, 정말 언젠가는 제가 중국 원서를 읽을 수 있었으면 좋겠습니다. 중국에 온 이후, 저는 매일 일기를 쓰는데, 계속해서 써 나갈 계획입니다. 저는 또한 중국어로 일기를 써 본 적이 있는데 정말 많이 어려웠습니다. 언젠가는 제가 중국어로만 글을 쓸 수 있었으면 좋겠어요. 그렇게 된다면 정말 좋을 것 같습니다!

UNIT 04 28쪽

이발사의 이야기

어떤 사람들은 헤어스타일이 사람의 제2의 얼굴이라고 말하는데 이 말은 일리가 있습니다. 멋내기를 좋아하는 신사 숙녀들이 자신의 옷과 얼굴에만 신경을 쓰고 헤어스타일에는 무관심하진 않을 것입니다. 아름다운 헤어스타일은 나이 많은 사람도 훨씬 젊어 보이게 하고, 젊은이들은 훨씬 더 아름답고 멋있게 보이도록 해서 그들로 하여금 더욱 즐겁고 자신 있게 해 줍니다.

야마다의 이야기

젊은이들 사이에는 배우자를 찾는 데 있어 가장 중요한 기준은 '3고'라는 말이 유행하고 있습니다. '3고'란 키가 크고, 학력이 높으며, 수입이 많다는 뜻입니다. 다른 나라는 어떤지 제가 잘은 모르겠지만 제 생각엔 모두 비슷할 것 같습니다. 그렇지만 저처럼 키가 크지 않은 사람들 중에도 우수한 사람들이 아주 많

다고 말하고 싶습니다. 몸은 부모님이 물려주신 건데 키가 크고 작은 것은 자기가 어떻게 할 도리가 없습니다. 중요한 것은 열심히 살고 자신의 일을 사랑하며 가정을 소중히 여겨야 한다는 것이고 이 '3애'야말로 가장 기본이 되는 기준입니다. 여러분은 제 생각에 동의하시나요?

UNIT 05 34쪽

행인이 경찰의 질문에 답한다

그 사람이 어떻게 생겼냐고요? 그는 4-50세로 얼굴이 길고 코가 커요. 눈은 작고 입도 작아요. 말투에 억양이 있었어요. 키는 크지 않아요, 160 정도에 작고 뚱뚱했어요. 흰색 상의에 검은색 바지를 입고 있었어요. 아니, 아마 파란색인 것 같아요. 또…… 정확하게 기억이 나지 않아요.

재미있는 팻말

교문 밖에 작은 음식점이 하나 있는데 얼마 전에 새로 연 가게입니다. 어느 날 내가 산책하다가 이 음식점을 지나는데, 팻말 하나가 입구에 걸려 있는 것을 발견했습니다. 위에 쓰인 것이 아주 재미있었어요. "먹고 만족하면 친구에게 말하고, 먹고 만족하지 못하면, 사장에게 말하세요." 나는 바로 들어가서 반찬 하나랑 탕 하나를 시켰습니다. 맛이 아주 좋을 뿐 아니라 가격도 아주 저렴했고, 서비스도 매우 세심했습니다. 그 후에도 나는 여러 번 가게 되었고, 갈 때마다 만족스러웠습니다. 사장님도 내가 무엇을 즐겨 먹는지 잘 알고 있습니다. 그는 귀국한 후에도 내가 분명 그의 음식점을 그리워할 거라고도 했습니다.

UNIT 06

본문1

교통 방송

오늘 오후, 우리 시에서 한 건의 교통사고가 발생했습니다. 한 승용차 운전자가 음주 후 운전을 하다 남쪽에서 북쪽 방향으로 달리던 버스와 충돌했습니다. 이 사고로 한 명이 중상을 입고 두 명이 경상을 입었습니다. 택시 기사님들 안전 운전에 유의하시기 바랍니다. 음주운전을 하지 마시고, 빨간 신호를 무시하고 돌진하는 행동은 매우 위험하니 더더욱 삼가해 주십시오.

본문2

TV 사회자가 리서치 결과를 말한다

최근 우리는 상하이, 베이징, 광저우에서 51%에 달하는 사람들이 "결혼식을 치르지 않으면 결혼하지 않은 것이다"라고 생각하고 있는 것을 알게 되었습니다. 그중 63%의 사람들은 "결혼식을 올리는 장소가 매우 중요하다"고 생각하고 있었으며, 39%의 사람들은 호텔에서 결혼식을 치르는 것을 선택했습니다. 50%의 사람들은 "이 행복한 하루를 영원히 기억하기 위해서 매우 의미 있는 길일을 선택해 결혼을 할 것이다"라고 대답했습니다. 이러한 조사 결과는 모두 결혼이 현대인의 마음속에서 점점 더 중시를 받고 있음을 말하고 있습니다.

UNIT 07

본문1

한 회사원의 이야기

퇴근 후 집에 돌아가면 나는 주방 아니면 서재에 있어요. 나는 두 가지 취미가 있습니다. 하나는 동적인 것이고 하나는 정적인 것인데, 즉 하나는 요리이고 하나는 독서입니다. 요리는 몸을 움직일 수 있고, 독서는 지식을 풍부하게 하지요. 어떤가요? 매우 과학적이지요? 내가 밖으로 나가서 햇볕을 좀 받아야 된다고요? 밖에 나갈 필요 없어요. 우리 집 발코니에서도 일광욕을 하며 책을 보면 얼마나 편한데요!

본문2

어느 젊은이의 이야기

주말을 어떻게 보내시나요? 사람마다 모두 다르지요. 어떤 사람은 가족이 모여서 다 함께 맛있는 음식을 만들고, 한 주간의 소식을 이야기하는 것을 좋아합니다. 어떤 사람들은 놀러 가거나, 등산하거나 낚시 등을 좋아합니다. 젊은이들은 모두 약속으로 바쁘고, 일부 부모들은 아이들의 교육을 위해 부득불 주말을 이용해서 아이들을 데리고 각종 학원에 보내기도 합니다. 저는요, 토요일에 전람회를 보러 가는 것을 가장 좋아합니다. 각종 전람회를 저는 모두 좋아합니다. 하루 온종일 바쁘게 보고 나서, 일요일은 신나게 늦잠을 자요. 자고 싶은 시간까지 자는 거죠.

UNIT 08

본문1

공장장의 이야기

우리 회사에서는 매년 신입사원을 뽑고 있는데, 그중 적지 않은 장년층 분들이 내게 좋은 인상을 남겨주었습니다. 그분들은 나이가 비교적 많고 모두 어느 정도는 일을 해 보신 분들이기 때문에 기술을 알고 경험을 갖고 있어서 매우 빨리 업무를 익힙니다. 열심히 일하며 책임감도 있어서 저는 그분들에게 아주 만족하고 있습니다. 물론, 면접에 오는 대학 졸업생들도 적지 않은데 몇몇은 우리의 새로운 직원이 되기도 합니다. 그들은 열정적이고 배우길 좋아해서, 기술과 능력이 매우 빨리 좋아집니다. 저는 그들에게도 매우 만족하고 있습니다.

주례사

저는 거의 100여 쌍에 이르는 신랑 신부의 결혼식 주례를 서 보았습니다. 오늘 이 젊은 한 쌍의 부모들이 모두 저와는 동료입니다. 그렇기 때문에 저는 신랑 신부에 대해서 비교적 소상히 알고 있습니다. 신랑은 출중한 외모에 포부가 크고, 실력이 있습니다. 신부는 총명하고 아름다우며 지적이고 취미도 다양합니다. 그들은 진심으로 서로를 사랑하고 있습니다. 정말 천생연분입니다. 솔직히 말해서 저는 그들이 정말 부럽습니다. 이들을 위해 주례를 서게 되어서 매우 기쁩니다. 부디 그들이 행복하기를 바랍니다!

UNIT 09 58쪽

한 농촌 청년의 이야기

도시가 좋을까요 아니면 농촌이 좋을까요? 한마디로 명확하게 대답하기 어렵습니다. 도시에는 사람이 너무 많고 너무 혼잡스러우니 어디 농촌만큼 편할 수 있겠습니까? 솔직히 말하면 막 농촌에 갔을 때는 나도 이것저것 습관이 되지 않고 불편했습니다. 그러나 경제가 발전하고 사회가 진보하면서 농업 생산이 갈수록 좋아지고 농민도 부유해지기 시작해서 도시와 농촌의 차이가 갈수록 줄어들고 있습니다. 농촌에서 사는 시간이 길어질수록 농촌에 대한 나의 정도 더욱 깊어집니다.

왕핑의 발표 원고 일부분

'남녀평등'은 전 사회가 관심을 갖고 있는 주제입니다. 평등은 정치 문제이자 경제 문제입니다. 현대 사회에서는 여자와 남자 모두 가정에서 사회로 나와 일을 합니다. 이는 남녀평등 실현에 기틀을 닦아 주었습니다. 하지만 지금 사회와 가정에서 모두 남녀 불평등 현상이 존재합니다. 예를 들어 이런 말이 있죠. "여자는 일 잘하는 것보다 시집 잘 가는 것이 더 낫다". 그렇다면, 여성들은 어떻게 해야 가정과 일 사이의 관계를 잘 했다고 할 수 있을까요? 어떻게 해야 진정한 평등을 이룰 수 있을까요?

UNIT 10 64쪽

어느 학생의 일기

우리 학교에는 과외 활동 동아리가 아주 많다. 각 동아리마다 지도 교사가 한 명씩 있고, 학생들은 자신의 흥미에 따라 신청해서 참여하면 된다. 오늘 나는 합창대에 신청해서 처음으로 합창대 활동에 참여했다. 지도 선생님께서는 내 목소리가 아주 좋지만 노래 부르는 방법이 잘못 되었다고 하셨다. 선생님께서는 우리에게 발성법을 가르쳐 주셨는데, 그대로 내가 한 번 해 보니, 아주 좋아진 것 같았다. 난 오늘부터 열심히 연습해야겠다. 나중에 가수가 되어 내 꿈을 실현해야지.

축구팀 주장의 이야기

저는 글로벌 축구팀의 주장입니다. 우리 팀원들은 모두 정말 대단합니다. 보통 2주마다 한 번씩 시합을 하는데 모두들 아주 열심히 합니다. 제 여자친구는 응원단 단장입니다. 그들의 뜨거운 성원이 있기 때문에 시합 때마다 우리들은 더욱 기운이 납니다. 오늘

경기도 바로 그랬습니다. 처음 시작했을 때는 모두들 긴장을 해서, 경기에서 질까 봐 걱정했는데, 바로 그 때 "글로벌팀은 반드시 이긴다!"라는 응원단의 응원 소리를 들었고, 경기 종료까지 1분 남았을 때 우리팀은 또 한 골을 넣었습니다! 2대1로 우리 팀이 승리했습니다! 모두들 악수를 하고 서로 부둥켜 안으며 정말 기뻐했습니다.

한답니다. 난 아들딸도 없는데 이 돈을 남겨 놓아도 죽을 때 싸가지도 못하니, 가난한 아이들이 공부하는 걸 돕는 게 더 낫잖아요. 돈을 유용한 곳에 쓰면 내 마음은 특히나 기뻐요. 사람이 늙어서야 알게 되는 건, 건강과 행복이 무엇보다도 더 중요하다는 것이에요.

UNIT 11 　　　　　　　　　70쪽

한 은퇴한 사람의 이야기

내 삶은 정말 멋져요. 매일 즐겁게 보내고 있답니다. 젊었을 때 저는 운동을 좋아해서 자주 농구, 배구, 탁구를 했어요. 또 여행을 좋아해서 수많은 명승지를 둘러보았어요. 또 저는 선생님, 가이드, 변호사 등 수많은 일들을 해 보았어요. 비록 지금은 은퇴를 했지만 난 아직 하지 못한 일이 있어요. 난 자주 노인활동센터에 가서 주위의 퇴직한 노인들과 함께 운동을 하거나 즐겁게 보내죠. 그러니 사람이 참 젊어지는 것 같아요. 실천이 증명하듯 삶을 사랑하는 사람은 영원히 젊습니다.

어느 행복한 노인의 이야기

사람들은 흔히들 저에게 물어봅니다. 왜 돈을 은행에 저금하지 않는지를요. 내가 어떻게 생각하냐고요? 나는 지금 건강이 꽤 괜찮고, 큰 병이 있는 것도 아니니 먹어 보지 않았던 것을 더 많이 맛보고, 재미있는 곳도 더 많이 가 보려고 해요. 만약 움직일 수 없을 정도로 늙고, 이도 다 빠지게 되었을 때는 그 돈을 주사 맞고 약 먹고 입원하는 데 쓸 텐데 그러면 얼마나 재미없겠어요! 먹고 노는 것 외에도 남은 돈은 기부를

UNIT 12 　　　　　　　　　76쪽

왕핑이 친구에게

이번 겨울 방학을 나는 매우 즐겁게 보냈어. 설날이 우리 할아버지 팔순 생신이셔서 우리 집안 식구 전부가 고향에 갔었어. 그곳에서 보내는 설날은 베이징보다 훨씬 떠들썩해. 내가 어렸을 적에 살았고 또 내가 태어난 곳에 다시 가 보니 더욱 정겹게 느껴졌어. 고향 집도 아주 많이 변했고, 어릴 적 친구들도 모두 어른이 되었더라. 나는 그들을 알아보지도 못했어.

피터의 이야기

중국에서의 유학 생활이 모두 끝났어요. 저는 기쁘기도 하고 슬프기도 해요. 기쁜 건 정통 중국어를 배우게 되었고, 많은 친구들을 사귀었으며, 수많은 명승지를 여행했고, 중국의 과거와 현재에 대해 보다 잘 이해할 수 있게 되었다는 점이에요. 저는 이와 같은 수확을 가지고 고국으로 돌아가요. 슬픈 건 정말 중국을 떠나기가 아쉽고 학교와 사랑하는 선생님과 반 친구들과도 헤어지게 되어 섭섭한 거예요. 내겐 두 가지 바람이 있는데, 첫 번째는 귀국한 이후에도 계속 중국어 실력을 쌓고 중국의 각 분야에 관심을 가져 우리나라 사람들에게 소개하는 것이에요. 두 번째는 반드시 '자주 집에 돌아가 볼' 것인데, 여기서 말하는 '집'은 바로 나의 제2의 고향인 중국이랍니다.

UNIT 01
14쪽

1 ① 我喜欢春天。因为到了春天草木会变绿，很多花也会开，而且不冷不热，天气很好。

② 到了春天，大地会换上一身翠绿的新衣裳，上面还有五彩的花朵，特别好看。

③ 我跟一个中国朋友学过两首中文歌，一首叫《春天在哪里》，另一首叫《甜蜜蜜》。

④ 我会唱《春天在哪里》，它的歌词很简单：春天在哪里呀？春天在哪里？春天在那小朋友的眼睛里。看见红的花呀，看见绿的草，还有那会唱歌的小黄鹂。

2 　　春天到了，树木变绿了，草也变绿了，花也开了，心情太好了。春天不冷不热，真好！除了有时候刮大风、下小雨以外，天气都特别好。天气越来越暖和了，来公园散步的人也越来越多了，很多孩子都在公园玩。

UNIT 02
20쪽

1 ① 最近我刚做了一个手术，还没出院。不过它是小手术，过几天就能出院了。

② 一般，中国人去医院看望病人会买一些水果，比如苹果或香蕉之类的，有助于病人的身体恢复。也有人买花，希望病人看到花心情变好，这样病也好得快。

③ 我父母有时候会问我交朋友的情况，他们会给我一些建议，但不会干涉我。

④ 父母如果反对我和哪个朋友交往，那一般是因为对方的人品不好。我一般也会认真考虑父母的想法。

2 　　一个朋友前两天刚做了一个小手术，现在他在医院躺着休息，希望他能早日康复。

我和朋友打算去医院看望他。除了几种水果以外，我们还买了一束花。等他出了院，身体健康了，希望能和我们一起打篮球。

UNIT 03
26쪽

1 ① 有口福的人吃什么都香。我认为我就是个有口福的人，各种不同的美食我都喜欢尝试。

② 中国的炒菜种类比较多，炒菜时放的调味料也多。和中国的饮食习惯相比，我们国家的比较清淡，放的油和调味料也比较少。

③ 我没看过中国小说，因为目前我的中文水平还不行。希望将来能看懂中文原著。

④ 我有写日记的习惯，写日记可以帮助我记住一些重要的事。如果用外语写，还能提高外语水平呢。

2 　　我妹妹喜欢画画，除了人物画以外，她还喜欢画风景。她希望自己以后能一直画下去。昨天我们一起去看了城市画展，看到一些很棒的作品，还拍了照片。每天都这样开心就好了。我希望有一天，妹妹能在巴黎塞纳河边画画。

UNIT 04
32쪽

1 ① 我一般一个月理一次发。经常去家附近的一家美发店，那家理得不错，还不贵。

② 我理过平头，也做过烫发。我觉得烫发更适合我，看起来很时尚、好看。

③ "三高"是很多人找对象时的一个标准，但是"三爱"更重要。因为和一个懂得"三爱"的人一起生活才会幸福。

④ 我要找的男/女朋友一定要符合"三爱"，也就是爱生活、爱事业、爱家庭，这样一起生活才会幸福。

2　　昨天我去剪了一个短发，朋友说这个发型不错，看起来很精神。哥哥刚烫了一个新发型，还染成了最近流行的咖啡色，看起来真帅。那位女士的头发真好看啊！长长的，吹的发型也特别好看。

UNIT 05　　　　　　　38쪽

1　① 我有一个朋友，他一米七的个子，皮肤不白也不黑，不胖也不瘦，眼睛大大的，嘴唇有点厚，笑起来很好看。

② 我经常去学校附近的一家饭馆吃饭，那里的饭菜我回回满意。很多菜味道好，也不油腻。

③ 我理想的饭馆有两个条件，第一是饭菜好吃，第二是服务态度好。

2　　她9岁，脸型是鹅蛋脸，皮肤白白的，穿着连衣裙。

他22岁，眼睛和鼻子比较小，耳朵有点儿大，短发是烫过的。

爸爸53岁了，方形脸，一米七五的个子，皮肤不白也不黑，戴眼镜，穿一身西装。

UNIT 06　　　　　　　44쪽

1　① 中国的交通规则和和韩国的差不多，都是车辆靠右行驶。

② 昨天我看到一场交通事故，一个汽车司机

酒后开车，撞上了一辆小货车，结果一人重伤，两人轻伤。

③ 大部分韩国年轻人认为，不举行婚礼就不算是结婚了，而且在什么地方举行婚礼也很重要。

④ 我喜欢浪漫的婚礼，比如婚礼在圣诞节举行或者婚礼在国外举行。

2　　昨天发生了一起交通事故，一辆小轿车在红灯时撞上了一辆从南往北走的车，太危险了。事故原因是汽车司机一边开车一边打电话，忽视了交通灯，结果撞上了前面的车。开车的人得注意，一定要遵守交通规则，以免发生交通事故，造成人员伤亡。

UNIT 07　　　　　　　50쪽

1　① 有的年轻人晚上喜欢出去喝酒，有的年轻人晚上喜欢在家看电影。

② 我最喜欢打羽毛球，不怎么累，还有趣。

③ 周末我喜欢和朋友们一起做一些好吃的饭菜，一边吃饭一边聊天。

④ 周末我喜欢睡懒觉，一般会睡到上午11点多才起床。

2　　我周末不是在家看电视就是和朋友们一起去打棒球。上周末我和朋友们一起去爬山了。虽然有点累，但是很开心。有的人喜欢在周末钓鱼，有的人不喜欢。这周末我和朋友一起去钓鱼了，钓了好几条鱼。

UNIT 08 56쪽

1 ① 我面试了一位中年男士，他看起来经验很
丰富，也很有责任心，我对他很满意。

② 如果我是面试官，我主要看两点。一个是
工作经验，一个是工作态度。

③ 传统婚礼有很多讲究，虽然比西式婚礼麻
烦一些，但是很热闹。

④ 婚礼上，人们会对新郎新娘说一些祝福的
话，比如"百年好合"、"白头到老"等。

2 新郎和新娘在给客人分喜糖、敬喜酒，
看起来真热闹。客人们对新婚夫妇说着祝福
的话，比如"祝你们喜事多多"、"祝你们和
和美美"等。新娘在想象着两个人白头到老的
样子，微笑着，看起来很幸福。

UNIT 09 62쪽

1 ① 有的人认为住在城市好，工作和生活都方
便。有的人认为住在农村好，因为农村空
气好，也不拥挤。

② 我生活在一个小城市，人口有100多万，自
然环境很好，最近几年发展得特别快。

③ 我认为现代社会还没有实现男女平等，因
为目前还存在着男女不平等的现象。

④ 家务事应该由男女共同承担，这样才符合
男女平等。

2 妈妈既在公司工作，也在家负责家庭事
务。妈妈在家要养育孩子，还要做家务。如
果一个人全部承担，那就是不公平现象。怎
样做家务才是男女平等呢？我认为应该男女
共同承担。

UNIT 10 68쪽

1 ① 我们学校有几十个课外活动小组，也叫
"社团"，参与小组活动的人很多。

② 我喜欢唱歌和打网球，参加了音乐小组和
网球小组，也经常参加活动或比赛。

③ 上个月的足球比赛真刺激！离比赛还有最
后一分钟的时候，我们队又踢进了一个
球，2:1，我们队赢了！

④ 我有一个好朋友，她一直在我的身边支持
我。她是我的同学，学习非常好，个子也
高，性格也好，最重要的是她对周围的人
都非常好。

2 上周的篮球比赛真好玩，队员们都棒极
了，每个人都尽了最大努力。开始的时候，大
家都很紧张，怕输掉比赛，后来就好了。每
次进球的时候，拉拉队的加油声就特别大，进
球的队员也开心极了。

UNIT 11 74쪽

1 ① 我奶奶养了一只宠物狗，名字叫"小白"，
她经常带着小白去公园玩。

② 我们那里退休的老人很多都选择去养老
院，在养老院生活又方便又热闹。

③ 这个问题我想过。退休以后，如果我的身
体还不错的话，我想去一些地方旅游。如
果身体不是很好就去养老院。我觉得在养
老院和其他老人一起生活比较有意思，还
可以参加一些有趣的活动，比如画画等。

④ 胃口好，身体健康，能自由走动，享受自
己的兴趣爱好，我想这就是幸福。

2   爷爷的生活过得很精彩，他喜欢去公园健身。公园里的娱乐活动很多，很热闹。奶奶和一些老年朋友围坐在一起，她们一边吃点心一边聊天，笑得真开心！虽然上年纪了，可是他们看起来很年轻，特别是他们的脸看起来特别年轻。

UNIT 12 80쪽

1   ① 去年暑假我和父母一起去泰山旅游了，那里的景色真美，游客也特别多。

    ② 我的老家在庆北安东，那里有很多传统韩屋，特产是青花鱼。

    ③ 出国留学能开阔人的视野，也能让人思考问题的角度更多样化。不过，在国内学习也不错。

    ④ 如果有机会，我想去留学。因为留学有很多好处，可以接触不同的文化，也可以开阔视野。

2   在老家过春节比在城市里热闹多了！全家人围在一起喝着年糕汤，真开心。大人带着孩子一起去游乐园玩了，特别是孩子们玩得开心极了。春节时，晚辈要向长辈拜年。领到压岁钱的孩子们一蹦一跳的，感到特别开心。

X

西餐 xīcān	22(3과)
下去 xiàqu	24(3과)
羡慕 xiànmù	54(8과)
现象 xiànxiàng	60(9과)
想法 xiǎngfǎ	18(2과)
想念 xiǎngniàn	36(5과)
小伙子 xiǎohuǒzi	54(8과)
小朋友 xiǎopéngyou	12(1과)
小时候 xiǎo shíhou	76(12과)
小组 xiǎozǔ	64(10과)
校门 xiàomén	36(5과)
心 xīn	18(2과)
心情 xīnqíng	10(1과)
新闻 xīnwén	48(7과)
选择 xuǎnzé	42(6과)
学历 xuélì	30(4과)

Y

阳台 yángtái	46(7과)
一直 yìzhí	24(3과)
印象 yìnxiàng	52(8과)
英文 Yīngwén	24(3과)
拥抱 yōngbào	66(10과)
永远 yǒngyuǎn	70(11과)

优秀 yōuxiù	30(4과)
游览 yóulǎn	70(11과)
娱乐 yúlè	70(11과)
原著 yuánzhù	24(3과)
愿望 yuànwàng	78(12과)
愿意 yuànyì	18(2과)
约会 yuēhuì	48(7과)

Z

展览 zhǎnlǎn	48(7과)
占 zhàn	42(6과)
招 zhāo	52(8과)
政治 zhèngzhì	60(9과)
支持 zhīchí	66(10과)
知识 zhīshi	46(7과)
值得 zhídé	18(2과)
只好 zhǐhǎo	48(7과)
只是 zhǐshì	16(1과)
只有 zhǐyǒu	22(3과)
中 zhōng	30(4과)
中餐 zhōngcān	22(3과)
中文 Zhōngwén	24(3과)
重 zhòng	40(6과)
重视 zhòngshì	42(6과)
重要 zhòngyào	30(4과)

중국어뱅크

北京大学

신 **한어구어** 독해 ②

戴桂芙·刘立新·李海燕 저
윤창준 역

워크북

현장감 넘치는 실용 중국어 독해

본책 + 워크북 + 본문음성 MP3(다운로드)

동양북스

중국어뱅크

北京大學

신 **한어구어**

독해 ②

戴桂芙・刘立新・李海燕 저
윤창준 역

워크북

동양북스

이 과의 주요 단어를 따라 써 봅시다.

树 shù 나무	树 树 树 树 树 树 树 树 树 树 shù

开 kāi (꽃이) 피다	开 开 开 开 开 kāi

心情 xīnqíng 심정, 기분	心 心 心 心　情 情 情 情 情 情 情 情 情 情 情 心 情 xīnqíng

谈 tán 말하다, 이야기하다	谈 谈 谈 谈 谈 谈 谈 谈 谈 谈 谈 tán

이 과의 주요 표현을 따라 써 봅시다.

MP3 W01-1

① 春天来了，树绿了，草也绿了。

봄이 왔습니다. 나무도 푸른 색을 띠고 풀도 푸른 색으로 바뀌었습니다.

春天来了，树绿了，草也绿了。

② 出来散步的人也越来越多了。

산책하러 나오는 사람들도 갈수록 많아집니다.

出来散步的人也越来越多了。

③ 老师让我们做一个作业。

선생님께서 우리들에게 숙제를 하나 내주셨습니다.

老师让我们做一个作业。

④ 我还跟一个中国小朋友学了一首春天的歌。

저는 또한 중국 어린이에게 봄 노래 한 곡을 배웠습니다.

我还跟一个中国小朋友学了一首春天的歌。

⑤ 春天在那小朋友的眼睛里。

봄은 그 꼬마 녀석의 눈동자 속에 있지요.

春天在那小朋友的眼睛里。

1. 다음 빈칸에 들어갈 알맞은 단어를 보기에서 골라 문장을 완성해 봅시다.

> 보기   除了   了   越来越   都   以外   了   越来越

春天来❶＿＿＿＿＿，树绿❷＿＿＿＿＿，草也绿了，很多花儿都开了。❸＿＿＿＿＿有时候刮大风、下小雨❹＿＿＿＿＿，天气❺＿＿＿＿＿特别好。外边❻＿＿＿＿＿暖和了，出来散步的人也❼＿＿＿＿＿多了。

2. 다음 문장에 알맞은 어휘를 골라 봅시다.

❶ 爸爸（让，使）我平时多运动。

❷ 白天（变化，变）得越来越短了。

❸ 我（向，给）中国朋友写了一封信。

❹ 妈妈（已经，还）出发了。

3. 다음 단어를 알맞게 배열하여 문장을 완성해 봅시다.

❶ 我 / 学了 / 已经 / 一首 / 了 / 汉语歌

❷ 越来越 / 出来 / 冷了 / 散步 / 外面 / 人 / 也少了 / 的

❸ 他 / 除了 / 小孩儿 / 都是

❹ 父母 / 她 / 学校 / 一个人 / 不让 / 去

4. 주어진 단어를 이용하여 중국어 문장을 만들어 봅시다.

❶ 아버지를 제외하고는 모두 집에 돌아왔다. (除了…以外…，都…)

❷ 엄마가 남동생보고 슈퍼에 가서 과일 좀 사오라고 했다. (…让…)

❸ 여동생은 집에서 오빠에게 영어를 배운다. (跟…学…)

❹ 그녀는 이미 다 컸다. (…了)

이 과의 주요 단어를 따라 써 봅시다.

精神	精精精精精精精精精精精精 神神神神神神神神
精神	精　神
jīngshen	jīngshen
원기, 활력	

健康	健健健健健健健健健健 康康康康康康康康康康
健康	健　康
jiànkāng	jiànkāng
건강(하다)	

周围	周周周周周周周周 围围围围围围围
周围	周　围
zhōuwéi	zhōuwéi
주위, 사방, 둘레	

确实	确确确确确确确确确确确 实实实实实实实实
确实	确　实
quèshí	quèshí
확실히, 정말로	

이 과의 주요 표현을 따라 써 봅시다.

 MP3 W02-1

1 他说那只是个小手术，没什么，让你放心。

그가 그건 그저 아주 간단한 수술일 뿐이래. 별것 아니니까 너보고 마음 놓으래.

他说那只是个小手术，没什么，让你放心。

2 他还要和你一起打球呢。

그가 너와 함께 농구하겠대.

他还要和你一起打球呢。

3 我早就想到您会不同意。

전 엄마가 동의하지 않을 거라고 진작부터 생각하고 있었어요.

我早就想到您会不同意。

4 他受过很好的教育。

그는 교육을 잘 받았습니다.

他受过很好的教育。

5 人好，心好，性格好。

사람 됨됨이도 좋고, 마음씨도 좋고, 성격도 좋아요.

人好，心好，性格好。

1. 다음 빈칸에 들어갈 알맞은 단어를 보기에서 골라 문장을 완성해 봅시다.

> 보기   听说   精神   和   等   顺利

山田的手术很❶_____，他现在❷_____很好，过几天就可以出院了。❸_____你要去看他，他要我告诉你别去了。❹_____他出了院，身体健康了，他还要❺_____你一起打球呢。

2. 다음 문장에 알맞은 어휘를 골라 봅시다.

❶ 老师（要，使）我告诉你快点来。

❷ 我妈妈很（被人，受人）尊重。

❸ 过几天（那么，就）要去上班了。

❹ 他（早就，很早）想到该怎么办了。

3. 다음 단어를 알맞게 배열하여 문장을 완성해 봅시다.

❶ 过 / 北京 / 去 / 再 / 我 / 几天

❷ 电影 / 吃了 / 要 / 饭 / 去 / 看 / 他

❸ 出门 / 很冷 / 但是 / 他 / 都 / 每天 / 虽然

❹ 爷爷 / 没有 / 小时候 / 什么 / 受过 / 教育

4. 주어진 단어를 이용하여 중국어 문장을 만들어 봅시다.

❶ 친구는 나보고 그녀와 놀라고 했다. (…要…)

❷ 그는 잘못한 일이 없지만 야단을 맞았다. (虽然…但是…)

❸ 그는 벌써 그 일을 잊어버렸다. (早就…)

❹ 방학이 되면 한국 여행을 갈 것이다. (…了…)

이 과의 주요 단어를 따라 써 봅시다.

风味	风 几 凤 风　　味味味味味味味味	
风味	风	味
fēngwèi	fēngwèi	
(음식의) 독특한 맛		

	好 好 好 好 好 好　　处 处 处 处 处	
好处	好	处
hǎochu	hǎochu	
장점, 좋은 점		

	外 夕 外 外 外　　国 国 国 国 国 国 国 国	
外国	外	国
wàiguó	wàiguó	
외국		

	将 将 将 将 将 将 将 将　　来 来 来 来 来 来 来	
将来	将	来
jiānglái	jiānglái	
장래, 미래		

이 과의 주요 표현을 따라 써 봅시다.

MP3 W03-1

① 我是个有口福的人，吃什么都香。

난 먹을 복이 있는 사람이에요. 무엇을 먹어도 맛이 있어요.

我是个有口福的人，吃什么都香。

② 只有想家的时候，我才去吃一顿西餐。

집이 그리워질 때만 저는 서양 음식을 한 끼 먹는답니다.

只有想家的时候，我才去吃一顿西餐。

③ 除了美国小说以外，我还看过许多外国小说。

미국 소설 이외에도 저는 외국 소설들을 많이 읽었습니다.

除了美国小说以外，我还看过许多外国小说。

④ 我每天都写一篇日记，我打算一直写下去。

저는 매일 일기를 쓰는데, 계속해서 써 나갈 계획입니다.

我每天都写一篇日记，我打算一直写下去。

⑤ 希望有一天，我能完全用中文写文章。

언젠가는 제가 중국어로만 글을 쓸 수 있었으면 좋겠어요.

希望有一天，我能完全用中文写文章。

1. 다음 빈칸에 들어갈 알맞은 단어를 보기에서 골라 문장을 완성해 봅시다.

보기   对   什么   才   多   都

我是个有口福的人，吃❶_____都香。辣的、甜的、酸的、咸的我❷_____爱吃。尝尝不同风味的菜，感觉真好。现在我住在中国，就应该❸_____吃中餐，这❹_____我了解中国很有好处。只有想家的时候，我❺_____去吃一顿西餐。

2. 다음 문장에 알맞은 어휘를 골라 봅시다.

❶ 只有多听多说，（才能，所以）学好英语。

❷ 希望有一天，我能（完整，完全）用中文写文章。

❸ 要是那样（才，就）好了！

❹ 他（一直，经常）坚持写日记。

3. 다음 단어를 알맞게 배열하여 문장을 완성해 봅시다.

❶ 说 / 对 / 坚持 / 好处 / 身体 / 哥哥 / 有 / 跑步

❷ 会 / 事情 / 他 / 那件 / 干 / 把 / 下去

❸ 努力 / 只有 / 大学 / 学习 / 考上 / 才 / 能

❹ 一定 / 成功 / 有一天 / 减肥 / 会 / 你

4. 주어진 단어를 이용하여 중국어 문장을 만들어 봅시다.

❶ 영어 외에 그는 중국어와 한국어도 배운다. (除了…以外，还…)

❷ 중국어를 잘해야 중국 사람과 친구가 될 수 있다. (只有…才…)

❸ 나는 중국어를 배우고 중국 여행을 갈 생각이다. (打算…)

❹ 그가 너를 좀 도와준다면 좋겠다. (要是…)

이 과의 주요 단어를 따라 써 봅시다.

美丽	美 美 美 美 美 美 美 美 丽 丽 丽 丽 丽 丽 丽
měilì	美　丽
아름답다	měilì

年纪	年 年 年 年 年 年 纪 纪 纪 纪 纪 纪
niánjì	年　纪
나이	niánjì

说法	说 说 说 说 说 说 说 说 说 法 法 法 法 法 法 法 法
shuōfǎ	说　法
표현(법), 의견, 견해	shuōfǎ

学历	学 学 学 学 学 学 学 学 历 历 历 历
xuélì	学　历
학력	xuélì

이 과의 주요 표현을 따라 써 봅시다.   MP3 W04-1

1 **有人说，头发是人的第二张脸。**

어떤 사람들은 헤어스타일이 사람의 제2의 얼굴이라고 말합니다.

有人说，头发是人的第二张脸。

2 **美丽的发型可以让年纪大的人显得年轻。**

아름다운 헤어스타일은 나이 많은 사람도 훨씬 젊어 보이게 합니다.

美丽的发型可以让年纪大的人显得年轻。

3 **在年轻人中，流行着一种说法。**

젊은이들 사이에 이런 말이 유행하고 있습니다.

在年轻人中，流行着一种说法。

4 **身体是父母给的，高不高自己没办法。**

몸은 부모님이 물려주신 건데 키가 크고 작은 것은 자기가 어떻게 할 도리가 없습니다.

身体是父母给的，高不高自己没办法。

5 **你们同意我的看法吗？**

여러분은 제 생각에 동의하시나요?

你们同意我的看法吗？

1. 다음 빈칸에 들어갈 알맞은 단어를 보기에서 골라 문장을 완성해 봅시다.

> 보기 更 显得 第 更 让 有 让 让

　　　有人说，头发是人的❶＿＿＿＿＿二张脸。这话

很❷＿＿＿＿＿道理。爱美的先生和女士都不会只注

意自己的服装和脸，不关心自己的头发。美丽的

发型可以❸＿＿＿＿＿年纪大的人❹＿＿＿＿＿年轻，

❺＿＿＿＿＿年轻人❻＿＿＿＿＿漂亮，❼＿＿＿＿＿他们

都❽＿＿＿＿＿快乐和自信。

2. 다음 문장에 알맞은 어휘를 골라 봅시다.

❶ 你（到底，结果）同意不同意？

❷ 美丽的发型（可能，可以）让年轻人更漂亮。

❸ 有人说，头发是人的第二（张，个）脸。

❹ 身体是父母给的，高不高自己没（方法，办法）。

16

3. 다음 단어를 알맞게 배열하여 문장을 완성해 봅시다.

❶ 中 / 高中生 / 在 / 说法 / 着 / 一种 / 流行

❷ 自信 / 衣服 / 的 / 可以 / 让 / 更 / 人 / 漂亮

❸ 他 / 我们 / 同意 / 可能 / 的 / 看法

❹ 重要 / 的 / 回来 / 是 / 他 / 已经 / 了

4. 주어진 단어를 이용하여 중국어 문장을 만들어 봅시다.

❶ 멋내기를 좋아하는 사람은 자신의 얼굴만 관심 있는 것이 아닐 것이다. (不会只…)

❷ 베이징은 그의 제2고향이다. (第二…)

❸ 내 말은 그는 아주 똑똑하다는 것이다. (要说的是…)

❹ 운동은 사람을 더 건강하게 만든다. (…可以让人…)

이 과의 주요 단어를 따라 써 봅시다.

裤子	裤 裤 裤 裤 裤 裤 裤 裤 裤 裤 裤　　子 子 子
kùzi	裤　子
바지	kùzi

记	记 记 记 记 记
jì	记
기억하다	jì

校门	校 校 校 校 校 校 校 校 校 校　　门 门 门
xiàomén	校　门
교문	xiàomén

老板	老 老 老 老 老 老　　板 板 板 板 板 板 板 板
lǎobǎn	老　板
주인	lǎobǎn

이 과의 주요 표현을 따라 써 봅시다.　　　　　　　　　　　　　MP3 W05-1

① 那个人长什么样儿?

그 사람이 어떻게 생겼냐고요?

那个人长什么样儿?

② 一米六左右，矮胖矮胖的。

160 정도 키에, 작고 뚱뚱합니다.

一米六左右，矮胖矮胖的。

③ 路过这家饭馆，发现门口挂着一个牌子。

이 음식점을 지나는데 팻말 하나가 입구에 걸려 있는 것을 발견했습니다.

路过这家饭馆，发现门口挂着一个牌子。

④ 不但味道好得很，而且价钱十分便宜。

맛이 아주 좋을 뿐 아니라 가격도 아주 저렴했습니다.

不但味道好得很，而且价钱十分便宜。

⑤ 后来我又去过很多次，回回满意。

그 후에도 나는 여러 번 가게 되었고, 갈 때마다 만족스러웠습니다.

后来我又去过很多次，回回满意。

1. 다음 빈칸에 들어갈 알맞은 단어를 보기에서 골라 문장을 완성해 봅시다.

> 보기　　　左右　长　的　口音　件　样儿　条

那个人❶_____什么❷_____?　他四五十岁，长脸，大鼻子，小眼睛，嘴也小，说话有❸_____。个子不高，一米六❹_____，矮胖矮胖❺_____。穿一❻_____白色上衣，一❼_____黑色的裤子。

2. 다음 문장에 알맞은 어휘를 골라 봅시다.

❶ (万一，如果) 您吃得满意，请对朋友说。

❷ 他个子不高，矮胖矮胖 (的，地)。

❸ 那个人长 (什么样，怎样)？

❹ 后来我又去过很多次，(每回，回回) 满意。

3. 다음 단어를 알맞게 배열하여 문장을 완성해 봅시다.

  ❶ 不错 / 饭馆 / 那家 / 很 / 好像

  ❷ 好吃 / 老板 / 那个 / 炒的 / 菜 / 个个

  ❸ 一定 / 回国 / 后 / 我们 / 会 / 中国菜 / 想念

  ❹ 我 / 白色的 / 记得 / 穿了 / 他们 / 衣服 / 一件

4. 주어진 단어를 이용하여 중국어 문장을 만들어 봅시다.

  ❶ 그는 똑똑할 뿐만 아니라 일도 좋아한다. (不但…而且…)

  ❷ 집에 도착하면 알려 주세요. (如果…)

  ❸ 당신은 이곳이 반드시 생각날 것이다. (一定会…)

  ❹ 아빠가 아픈 것 같다. (好像是…)

이 과의 주요 단어를 따라 써 봅시다.

结果 jiéguǒ 결국은, 끝내는	结结结结结结结结结 果果果果果果果果 结　果 jiéguǒ

危险 wēixiǎn 위험하다	危危危危危危 险险险险险险险险险 危　险 wēixiǎn

举行 jǔxíng 거행하다	举举举举举举举举举 行行行行行行 举　行 jǔxíng

重视 zhòngshì 중시(하다), 중요시(하다)	重重重重重重重重重 视视视视视视视视 重　视 zhòngshì

이 과의 주요 표현을 따라 써 봅시다. MP3 W06-1

1 本市又发生了一起交通事故。

우리 시에서 한 건의 교통사고가 발생했습니다.

本市又发生了一起交通事故。

2 结果一人重伤，两人轻伤。

그 결과 한 명이 중상을 입고 두 명이 경상을 입었습니다.

结果一人重伤，两人轻伤。

3 不举行婚礼就不算是结婚了。

결혼식을 치르지 않으면 결혼하지 않은 것이다.

不举行婚礼就不算是结婚了。

4 占百分之三十九的人选择在饭店举行婚礼。

39%의 사람들은 호텔에서 결혼식을 치르는 것을 선택했습니다.

占百分之三十九的人选择在饭店举行婚礼。

5 婚礼在现代人的心中越来越受到重视。

결혼은 현대인의 마음속에서 점점 더 중시를 받고 있습니다.

婚礼在现代人的心中越来越受到重视。

1. 다음 빈칸에 들어갈 알맞은 단어를 보기에서 골라 문장을 완성해 봅시다.

> 보기   往   起   结果   请   从

今天下午，本市又发生了一❶＿＿＿＿＿交通事故。一个汽车司机酒后开车，撞上了一辆❷＿＿＿＿＿南❸＿＿＿＿＿北开的公共汽车，❹＿＿＿＿＿一人重伤，两人轻伤。❺＿＿＿＿＿司机师傅一定要注意交通安全，不要酒后开车。

2. 다음 문장에 알맞은 어휘를 골라 봅시다.

❶ 为了永远记住这幸福的一天，会选择一个有（意义，意思）的好日子结婚。

❷ 不举行婚礼就（不能，不算）是结婚了。

❸ 不来中国（就，那么）不能学好汉语吗？

❹ 那里又发生了（一个，一起）交通事故。

3. 다음 단어를 알맞게 배열하여 문장을 완성해 봅시다.

   ❶ 走 / 公共汽车 / 在 / 往北 / 从南 / 一辆

   ❷ 他 / 重视 / 在 / 很 / 受 / 公司 / 上级

   ❸ 交通 / 一定要 / 遵守 / 规则 / 过马路

   ❹ 在 / 婚礼 / 举行 / 哪一天 / 重要 / 很

4. 주어진 단어를 이용하여 중국어 문장을 만들어 봅시다.

   ❶ 숙제를 다 하지 않으면 놀러 나가지 않을 것이다. (不…就不…)

   ❷ 나를 꼭 좀 도와주세요. (一定要…)

   ❸ 과속운전 하지 마시고, 음주운전은 더더욱 하지 마세요. (不要…更不要…)

   ❹ 한족은 중국 인구의 90% 이상을 차지하고 있다. (占…)

이 과의 주요 단어를 따라 써 봅시다.

书房	书书书书　　房房房房房房房房
书房	书　房
shūfáng	shūfáng
서재	

丰富	丰丰丰丰　　富富富富富富富富富富富富
丰富	丰　富
fēngfù	fēngfù
풍부하게 하다	

钓鱼	钓钓钓钓钓钓钓钓　　鱼鱼鱼鱼鱼鱼鱼鱼
钓鱼	钓　鱼
diàoyú	diàoyú
낚시하다	

紧张	紧紧紧紧紧紧紧紧紧紧　　张张张张张张张
紧张	紧　张
jǐnzhāng	jǐnzhāng
바쁘다	

이 과의 주요 표현을 따라 써 봅시다.

🅜🅟🅟🆂 W07-1

① 我不是在厨房，就是在书房。

나는 주방 아니면 서재에 있어요.

我不是在厨房，就是在书房。

② 做饭可以活动身体，看书可以丰富知识。

요리는 몸을 움직일 수 있고, 독서는 지식을 풍부하게 하지요.

做饭可以活动身体，看书可以丰富知识。

③ 聊聊一周来的新闻。

한 주간의 소식을 이야기합니다.

聊聊一周来的新闻。

④ 年轻人都忙约会。

젊은이들은 모두 약속으로 바쁩니다.

年轻人都忙约会。

⑤ 想睡到几点就睡到几点。

자고 싶은 시간까지 잡니다.

想睡到几点就睡到几点。

1. 다음 빈칸에 들어갈 알맞은 단어를 보기에서 골라 문장을 완성해 봅시다.

> 보기　就是　　一边　　不是　　一边　　应该　　才

下班回家，我❶_____在厨房，❷_____在书房。我有两大爱好，一动一静，一个是做饭，一个是看书。做饭可以活动身体，看书可以丰富知识。你说我❸_____出去晒晒太阳？不用出去。坐在我家的阳台上，❹_____晒太阳，❺_____看书，那❻_____舒服呢！

2. 다음 문장에 알맞은 어휘를 골라 봅시다.

❶ 妈妈平时不是工作（就是，或者）做家务，很辛苦。

❷ 周末真好，想睡到几点（那么，就）睡到几点。

❸ 奶奶说，做家务（可以，可能）锻炼身体。

❹ 他们的话，我听（地，得）清清楚楚。

3. 다음 단어를 알맞게 배열하여 문장을 완성해 봅시다.

❶ 我父母 / 就是 / 新闻 / 出去 / 散步 / 晚饭后 / 在家 / 看 / 不是

❷ 旅游 / 有 / 一个是 / 姐姐 / 两个 / 唱歌 / 一个是 / 爱好

❸ 看书 / 一定 / 丰富 / 知识 / 但是 / 书 / 可以 / 要 / 好

❹ 一起 / 周末 / 饭菜 / 聚 / 在 / 我们 / 做 / 一些 / 好吃的 / 会

4. 주어진 단어를 이용하여 중국어 문장을 만들어 봅시다.

❶ 주말에 그는 집에서 TV를 보거나 나가서 친구와 논다. (不是…就是…)

❷ 우리반에 어떤 친구는 중국어 배우는 것을 좋아하고 어떤 친구는 영어 배우는 것을 좋아한다. (有的…有的…)

❸ 그는 중국어를 잘하는데, 말하고 싶은 것은 무엇이든 말한다. (想…就…)

❹ 내 오빠는 항상 음악을 들으면서 책을 읽는다. (一边…一边…)

이 과의 주요 단어를 따라 써 봅시다.

技术	技技技技技技技　　木十木木术术
技术	技　术
jìshù	jìshù
기술	

负责	负负负负负负　　责责责责责责责责
负责	负　责
fùzé	fùzé
책임감이 강하다	

面试	面面面面面面面面面　　试试试试试试试试
面试	面　试
miànshì	miànshì
면접 시험(을 보다)	

广泛	广广广　　泛泛泛泛泛泛泛
广泛	广　泛
guǎngfàn	guǎngfàn
광범위하다, 폭넓다	

이 과의 주요 표현을 따라 써 봅시다.　　　　　　　　　MP3 W08-1

1 我们公司每年招一些新工人。

우리 회사에서는 매년 신입사원을 뽑습니다.

我们公司每年招一些新工人。

2 其中有不少中年人给我留下了很好的印象。

그중 적지 않는 장년층 분들이 내게 좋은 인상을 남겨 주었습니다.

其中有不少中年人给我留下了很好的印象。

3 我对他们也很满意。

저는 그들에게도 매우 만족하고 있습니다.

我对他们也很满意。

4 我为上百对新人主持过婚礼。

저는 거의 100여 쌍에 이르는 신랑 신부의 결혼식 주례를 서 보았습니다.

我为上百对新人主持过婚礼。

5 姑娘聪明美丽，知识丰富，爱好广泛。

신부는 총명하고 아름다우며 지지이고 취미도 다양합니다.

姑娘聪明美丽，知识丰富，爱好广泛。

1. 다음 빈칸에 들어갈 알맞은 단어를 보기에서 골라 문장을 완성해 봅시다.

> 보기   招   懂   留下   段   熟悉   对   其中

我 们 公 司 每 年 ❶_____ 一 些 新 工 人 ，
❷_____有 不 少 中 年 人 给 我 ❸_____了 很 好 的 印
象 。 因 为 他 们 年 龄 比 较 大 ， 都 工 作 过 一 ❹_____
时 间 ， 所 以 他 们 ❺_____技 术 、 有 经 验 ， 能 够
很 快 ❻_____工 作 ， 工 作 起 来 认 真 、 负 责 ， 我
❼_____他 们 很 满 意 。

2. 다음 문장에 알맞은 어휘를 골라 봅시다.

❶ 老板对他的工作很（喜欢，满意）。

❷ 不少中年人（给，向）我留下了很好的印象。

❸ 他对中国历史不太（了解，认识）。

❹ 不用担心，（因为，如果）下次还有机会。

32

3. 다음 단어를 알맞게 배열하여 문장을 완성해 봅시다.

➊ 他们 / 说实话 / 羡慕 / 真 / 我

➋ 工作 / 这些 / 很 / 年轻人 / 负责 / 对

➌ 突然 / 了 / 不好意思 / 我 / 觉得 / 太 /

➍ 很 / 我 / 不是 / 中国 / 文化 / 对 / 了解

4. 주어진 단어를 이용하여 중국어 문장을 만들어 봅시다.

➊ 그들은 업무 경험이 있기 때문에 일을 빨리 숙지할 수 있었다. (因为…所以…)

➋ 그는 베이징에 온 지 여러 해가 되어 베이징에 대해 익숙하다. (对…熟悉)

➌ 그는 한국에 한 번 가본 적이 있는데, 한국은 그에게 좋은 인상을 남겼다. (留下…印象)

➍ 부모님은 내 일에 대해 만족해 하신다. (对…满意)

이 과의 주요 단어를 따라 써 봅시다.

	经经经经经经经经　挤挤挤挤挤挤挤挤	
经济	经	济
jīngjì	jīngjì	
경제		

	农农农农农农　业业业业业	
农业	农	业
nóngyè	nóngyè	
농업		

	生生生生生　产产产产产产	
生产	生	产
shēngchǎn	shēngchǎn	
생산(하다)		

	现现现现现现现现　象象象象象象象象象象	
现象	现	象
xiànxiàng	xiànxiàng	
현상		

이 과의 주요 표현을 따라 써 봅시다.

〔MP3〕 W09-1

1 城市里人太多、太挤了，哪有农村舒服呢？

도시에는 사람이 너무 많고 너무 혼잡스러우니 어디 농촌만큼 편할 수 있겠습니까？

城市里人太多、太挤了，哪有农村舒服呢？

2 农业生产搞得越来越好。

농업 생산이 갈수록 좋아집니다.

农业生产搞得越来越好。

3 平等既是一个政治问题，也是一个经济问题。

평등은 정치 문제이자 경제 문제입니다.

平等既是一个政治问题，也是一个经济问题。

4 这就为实现男女平等打下了基础。

이는 남녀평등 실현에 기틀을 닦아 주었습니다.

这就为实现男女平等打下了基础。

5 怎样才能得到真正的平等呢？

어떻게 해야 진정한 평등을 이룰 수 있을까요？

怎样才能得到真正的平等呢？

1. 다음 빈칸에 들어갈 알맞은 단어를 보기에서 골라 문장을 완성해 봅시다.

> 보기   时候   还是   搞得   起来   说实话   哪

城市好❶_____农村好？城市里人太多、太挤了，❷_____有农村舒服呢？❸_____，刚到农村的❹_____，我也觉得这不习惯、那不方便的。可经济在发展，农业生产❺_____越来越好，农民都富❻_____了，城市和农村的差别越来越小。

2. 다음 문장에 알맞은 어휘를 골라 봅시다.

❶ 有一种（说法，话）是，女孩子干得好不如嫁得好。

❷ 她正在（为，给）自己的新工作而烦恼。

❸ 爸爸现在既不抽烟，（也，而且）不喝酒。

❹ 坐公交去学校（还是，不如）坐地铁快。

3. 다음 단어를 알맞게 배열하여 문장을 완성해 봅시다.

❶ 心心 / 你 / 过得 / 每天 / 开开 / 祝

❷ 舒服 / 太 / 拥挤 / 不如 / 农村 / 城市

❸ 关心 / 平等 / 很多 / 中国人 / 男女

❹ 基础 / 外语 / 打下 / 为将来 / 能 / 学好

4. 주어진 단어를 이용하여 중국어 문장을 만들어 봅시다.

❶ 사실 나는 어떻게 연애하는지 모른다. (说实话…)

❷ 많은 사람들은 삶으로 인해 분주하다. (为…)

❸ 한 나라의 문화에 대해 알면 알수록 그 나라가 좋아진다. (越…越…)

❹ 세 어머님은 제 선생님일 뿐만 아니라 제 요리사이기도 합니다. (既…也…)

이 과의 주요 단어를 따라 써 봅시다.

	小 小 小　　组 组 组 组 组 组 组 组
小组 xiǎozǔ 소그룹	小　组 xiǎozǔ

	梦 梦 材 材 杧 村 村 林 林 梦 梦　　想 想 想 杧 相 相 相 相 想 想 想 想
梦想 mèngxiǎng 꿈	梦　想 mèngxiǎng

	队 队 队 队　　丿 匚 卡 长
队长 duìzhǎng 주장, 대장	队　长 duìzhǎng

	结 结 结 结 结 结 结 结 结　　束 束 束 束 束 束 束
结束 jiéshù 끝나다, 마치다	结　束 jiéshù

이 과의 주요 표현을 따라 써 봅시다. 🎧 MP3 W10-1

1 同学们可以按照自己的兴趣报名参加。

학생들은 자신의 흥미에 따라 신청해서 참여하면 된다.

同学们可以按照自己的兴趣报名参加。

2 从今天开始，我要好好儿练习。

난 오늘부터 열심히 연습해야겠다.

从今天开始，我要好好儿练习。

3 队员们都棒极了。

팀원들은 모두 정말 대단합니다.

队员们都棒极了。

4 大家很紧张，都怕输掉比赛。

모두들 긴장을 해서 경기에서 질까 봐 걱정했습니다.

大家很紧张，都怕输掉比赛。

5 我们队又踢进了一个球！

우리 팀은 또 한 골을 넣었습니다!

我们队又踢进了一个球！

1. 다음 빈칸에 들어갈 알맞은 단어를 보기에서 골라 문장을 완성해 봅시다.

> 보기   从   当   教   开始   实现   不对

　　今天，我报名参加了合唱队，第一次参加了合唱队的活动。辅导老师说我的声音很好，可是唱歌的方法❶＿＿＿＿＿。老师❷＿＿＿＿＿了我们发声的方法，我试了试，觉得好多了。❸＿＿＿＿＿今天❹＿＿＿＿＿，我要好好儿练习，将来❺＿＿＿＿＿一个歌手，❻＿＿＿＿＿我的梦想。

2. 다음 문장에 알맞은 어휘를 골라 봅시다.

❶ 那次聚会有趣（极，很）了。

❷ 昨天我（问，问了）老师不少问题。

❸ 那个人太有趣了，把我给乐（坏，坏了）。

❹ 有了他们（的，得）热情支持，我们更有精神了。

40

3. 다음 단어를 알맞게 배열하여 문장을 완성해 봅시다.

❶ 问题 / 上课 / 时 / 老师 / 问了 / 一个 / 我

❷ 汉语 / 教 / 了 / 我 / 一年 / 她

❸ 北京 / 每 / 三周 / 去 / 一趟 / 爸爸

❹ 方法 / 教 / 他们 / 了 / 发声 / 的 / 老师

4. 주어진 단어를 이용하여 중국어 문장을 만들어 봅시다.

❶ 그날 그는 정말 힘들었다. (…极了)

❷ 삶은 우리에게 많은 것을 가르쳐 주었다. (…教了…)

❸ 내일부터 나는 일찍 자고 일찍 일어날 것이다. (从…开始)

❹ 학교는 매주 한 번씩 국기를 올린다. (…周…次)

이 과의 주요 단어를 따라 써 봅시다.

游览 yóulǎn 유람(하다)	游游游游游游游游游游游游　览览览览览览览览览 游　览 yóulǎn	

退休 tuìxiū 퇴직(하다)	退退退退退退退退退　休休休什休休 退　休 tuìxiū	

娱乐 yúlè 즐거움, 즐겁게 보내다	娱娱娱娱娱娱娱娱娱娱　乐乐乐乐乐 娱　乐 yúlè	

实践 shíjiàn 실천(하다)	实实实实实实实实　践践践践践践践践践践践 实　践 shíjiàn	

이 과의 주요 표현을 따라 써 봅시다.　MP3 W11-1

1 我的生活很精彩，天天过得很开心。

내 삶은 정말 멋져요. 매일 즐겁게 보내고 있답니다.

我的生活很精彩，天天过得很开心。

2 好像人也变得年轻了。

사람이 참 젊어지는 것 같아요.

好像人也变得年轻了。

3 除了吃和玩以外，剩下的钱我就捐出去。

먹고 노는 것 외에도 남은 돈은 기부를 한답니다.

除了吃和玩以外，剩下的钱我就捐出去。

4 这些钱留着，死也带不走。

이 돈을 남겨 놓아도 죽을 때 싸가지도 못합니다.

这些钱留着，死也带不走。

5 人老了才知道，健康和快乐比什么都重要。

사람이 늙이시아 알게 되는 건, 건강과 행복이 무엇보다도 더 중요하다는 것이에요.

人老了才知道，健康和快乐比什么都重要。

1. 다음 빈칸에 들어갈 알맞은 단어를 보기에서 골라 문장을 완성해 봅시다.

> 보기   虽然   跟   得   可是   干不完   得

我的生活很精彩，天天过❶＿＿＿＿很开心。

❷＿＿＿＿现在已经退休了，❸＿＿＿＿我还

有❹＿＿＿＿的事。我常常去老年人活动中心，

❺＿＿＿＿周围的退休老人一起健身和娱乐，好像人

也变❻＿＿＿＿年轻了。实践证明：爱生活的人永远

年轻。

2. 다음 문장에 알맞은 어휘를 골라 봅시다.

❶ 妈妈最近睡（的，得）很晚。

❷ 健康和快乐（比，比较）什么都重要。

❸ 昨天我是坐火车来（了，的）。

❹ 我做过很多种工作，我当（过，了）老师、律师和导游。

44

3. 다음 단어를 알맞게 배열하여 문장을 완성해 봅시다.

① 锻炼 / 经常 / 身体 / 或 / 打球 / 爸爸 / 跑步

② 起来 / 高兴 / 跳 / 得 / 了 / 他们

③ 比赛 / 他 / 喜好 / 运动 / 没 / 参加 / 但是 / 过 / 虽然

④ 篮球 / 还不如 / 打 / 学校 / 去 / 呢

4. 주어진 단어를 이용하여 중국어 문장을 만들어 봅시다.

① 그가 베이징에 올 것이라고 나는 믿는다. (是…的)

② 현재 이미 정년 퇴직을 했지만 나는 여전히 하지 못한 일이 많다. (虽然…可是…)

③ 그녀가 모임에 오지 않으면 얼마나 재미없겠어! (要是…那…)

④ 사람이 나이를 먹어야 건강과 시간의 소중함을 알 수 있다. (才知道…)

이 과의 주요 단어를 따라 써 봅시다.

亲亲亲亲亲亲亲亲亲   爱爱爱爱爱爱爱爱爱爱

亲爱

qīn'ài

친애하다, 사랑하다

亲	爱		
qīn'ài			

愿愿愿愿愿愿愿愿愿愿愿愿愿   望望望望望望望望望望

愿望

yuànwàng

바람, 희망

愿	望		
yuànwàng			

继继继继继继继继继继   续续续续续续续续续续

继续

jìxù

계속하다

继	续		
jìxù			

故故故故故故故故故   乡乡乡

故乡

gùxiāng

고향

故	乡		
gùxiāng			

이 과의 주요 표현을 따라 써 봅시다.

MP3 W12-1

① 这个寒假我过得很开心。

이번 겨울 방학을 나는 매우 즐겁게 보냈어.

这个寒假我过得很开心。

② 在那儿过春节比在北京热闹多了。

그곳에서 보내는 설날은 베이징보다 훨씬 떠들썩해.

在那儿过春节比在北京热闹多了。

③ 我都认不出他们来了。

나는 그들을 알아보지도 못했어.

我都认不出他们来了。

④ 对中国的过去和现在更了解了。

중국의 과거와 현재에 대해 보다 잘 이해할 수 있게 되었습니다.

对中国的过去和现在更了解了。

⑤ 我将带着这些收获回到我的祖国。

나는 이와 같은 수확을 가지고 고국으로 돌아가요.

我将带着这些收获回到我的祖国。

1. 다음 빈칸에 들어갈 알맞은 단어를 보기에서 골라 문장을 완성해 봅시다.

보기 多 成 得 亲切 比 认不出

这个寒假我过❶＿＿＿＿很开心。春节是我爷爷八十岁生日，我们全家都回老家了。在那儿过春节❷＿＿＿＿在北京热闹❸＿＿＿＿了。回到我小时候生活过的地方，我感到特别❹＿＿＿＿。老家的变化太大了，小时候的朋友们也都长❺＿＿＿＿大人了，我都❻＿＿＿＿他们来了。

2. 다음 문장에 알맞은 어휘를 골라 봅시다.

❶ 在韩国生活了四年，她（对，关于）韩国文化更了解了。

❷ 难过（得，的）是他已经忘了那件事。

❸ 我一定（想，要）去上海上大学。

❹ 你的变化太大了，刚才我都没（认，认识）出来。

3. 다음 단어를 알맞게 배열하여 문장을 완성해 봅시다.

① 愿望 / 有 / 一个 / 我 / 是 / 当 / 律师

② 我 / 你们 / 舍不得 / 离开 / 真的

③ 多了 / 休息 / 比 / 好 / 公司 / 上班 / 在 / 在家

④ 你 / 吗 / 不出来 / 是 / 我 / 哪国人 / 听

4. 주어진 단어를 이용하여 중국어 문장을 만들어 봅시다.

① 큰 도시는 작은 도시에 비해 리듬이 훨씬 빠르다. (…比…)

② 나는 지금 그에게 사과하기로 했다. (向…)

③ 그 사람은 나를 걱정하게 하기도 하고 화나게 하기도 한다. (又…又…)

④ 아버지는 이것이 무슨 요리인지 못 알아차리신다. (…不出来…)

	마침표 句号 jùhào
○	문장의 끝에서 문장의 끝맺음을 나타냅니다. 北京是中华人民共和国的首都。

	물음표 问号 wènhào
?	문장의 끝에서 의문(반문, 설문, 의문 등의 형태 포함)이나 불명확함의 어기를 나타냅니다. 你怎么还不回家去呢? 钟嵘(? —518),颍川长社人,南朝梁代文学批评家。

	느낌표 叹号 tànhào
!	문장의 끝에서 감탄의 어기를 나타냅니다. 才一年不见,这孩子都长这么高啦!

	반점 逗号 dòuhào
,	복문에서 각 문장의 휴지를 나타냅니다. 不是人们的意识决定人们的存在,而是人们的社会存在决定人们的意识。

	모점 顿号 dùnhào
、	① 병렬된 단어 사이의 휴지를 나타냅니다. 这里有自由、民主、平等、开放的风气和氛围。 ② 순서를 나타내는 단어 뒤에서 휴지를 나타냅니다. 我准备讲两个问题:一、逻辑学是什么? 二、怎样学好逻辑学?

	쌍반점 分号 fēnhào
;	병렬된 문장 사이의 휴지를 나타냅니다. 语言文字的学习,就理解方面说,是得到一种知识;就运用方面说,是养成一种习惯。

	쌍점 冒号 màohào
:	① 종합적이거나 제시적인 단어 뒤에서 그 다음 문장을 제시합니다. 北京紫禁城有四座城门:午门、神武门、东华门和西华门。 ② 편지, 연설원고에서 사람의 호칭 뒤에 사용합니다. 广平先生:……

				따옴표 引号 yǐnhào
"	"	'	'	① 인용이나 강조를 나타냅니다. 李白诗中就有"白发三千丈"这样极尽夸张的语句。 ② 사건이나 기념일의 특정한 날짜를 표시합니다. "5·12"汶川大地震

	줄표 破折号 pòzhéhào
—— ——	① 내용 주석이나 보충 설명을 나타냅니다. 一个矮小而结实的日本中年人——内山老板走了过来。 这简直就是——说得不客气点——无耻的勾当! ② 부제목을 나타냅니다. 飞向太平洋——我国新型号运载火箭发射目击记

한자 한 글자를 한 칸에 씁니다. 문장 부호 역시 한 칸에 하나씩 씁니다.
알파벳 대문자는 한 칸에 한 글자씩, 소문자는 두 글자씩 씁니다. 아라비아 숫자는 한 칸에 두 글자씩 씁니다.

今	天	是	今	年	的	第	一	天	:	20	18	年	1	月	1	号	。				
他	的	英	文	名	字	是	W	il	li	am		Ja	me	s.							

제목은 문장의 길이를 보아, 짧은 경우 가운데 부분에, 긴 경우 첫째 줄의 다섯 번째 칸부터 씁니다.

						第	一	本	启	蒙	书									
						今	天	又	认	识	了	一	个	新	朋	友	。			

본문은 둘째 줄부터 시작하며, 두 칸을 띄고 세 번째 칸부터 씁니다. 단락이 끝나면 다음 단락 역시 줄을 바꾸어 두 칸 띄고 씁니다.

		毕	业	后	,	你	要	做	什	么	?	要	是	你	以	后	去	美	国	读
研	究	生	,	可	以	去	我	家	玩	儿	。									
		我	家	有	五	口	人	,	我	爸	爸	是	律	师	,	妈	妈	是	医	生	。

문장 부호는 행이 끝나는 마지막 칸이나, 행이 시작되는 첫 번째 칸에 단독으로 쓸 수 없으며, 한자와 한 칸에 같이 씁니다. ("나 《《는 첫 번째 칸에 쓸 수 있습니다.)
쌍점, 인용 부호는 인용 문장의 마침표, 물음표, 느낌표 등과 함께 씁니다.

我	家	有	五	口	人	,	我	爸	爸	是	律	师	⊗
,	妈	妈	是	医	生	。							

我	家	有	五	口	人	,	我	爸	爸	是	律	师,	◎
妈	妈	是	医	生	。								

卖	东	西	的	人	常	常	对	我	说	:	"	⊗
你	真	厉	害	!	"							

卖	东	西	的	人	常	常	对	我	说	:"	你	◎
真	厉	害	!"									

北京大學

신한어구어

독해 2

워크북

외국어 출판 40년의 신뢰
외국어 전문 출판 그룹
동양북스가 만드는 책은 다릅니다.

40년의 쉼 없는 노력과 도전으로 책 만들기에 최선을 다해온 동양북스는
오늘도 미래의 가치에 투자하고 있습니다.
대한민국의 내일을 생각하는 도전 정신과 믿음으로 최선을 다하겠습니다.

📖 동양북스

📖 동양북스 추천 교재

일본어 교재의 최강자, 동양북스 추천 교재

회화 코스북

일본어뱅크 다이스키
STEP 1·2·3·4·5·6·7·8

일본어뱅크
New 스타일 일본어 회화
1·2·3

일본어뱅크 도모다찌
STEP 1·2·3

분야서

일본어뱅크
NEW 스타일 일본어 문법

일본어뱅크
일본어 작문 초급

일본어뱅크
사진과 함께하는
일본 문화

일본어뱅크
항공 서비스 일본어

가장 쉬운 독학
일본어 현지회화

수험서

일취월장 JPT
독해 · 청해

일취월장 JPT
실전 모의고사 500 ·700

新일본어능력시험
실전적중 문제집 문자 · 어휘 N1 · N2
실전적중 문제집 문법 N1 · N2

新일본어능력시험
실전적중 문제집 독해 N1 · N2
실전적중 문제집 청해 N1 · N2

단어 · 한자

특허받은
일본어 한자 암기박사

일본어 상용한자 2136
이거 하나면 끝!

일본어뱅크
New 스타일 일본어 한자 1 · 2

가장 쉬운 독학
일본어 단어장

중국어 교재의 최강자, 동양북스 추천 교재

중국어뱅크 북경대학 한어구어
1·2·3·4·5·6

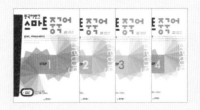

중국어뱅크 스마트중국어
STEP 1·2·3·4

중국어뱅크 뉴스타일중국어
STEP 1·2

중국어뱅크
문화중국어 1·2

중국어뱅크
관광 중국어 1·2

중국어뱅크
여행 중국어

중국어뱅크
호텔 중국어

중국어뱅크
판매 중국어

중국어뱅크
항공 서비스 중국어

중국어뱅크
의료관광 중국어

정반합 新HSK
1급·2급·3급·4급·5급·6급

버전업! 新HSK 한 권이면 끝
3급·4급·5급·6급

버전업! 新HSK VOCA 5급·6급

가장 쉬운 독학 중국어 단어장

중국어뱅크
중국어 간체자 1000

특허받은
중국어 한자 암기박사

📖 동양북스 추천 교재